KB253109

헌법소송법

헌법소송법

신용인 지음

한국학술정보㈜

서 문

시험에 의한 법조인 선발에서 교육을 통한 법조인 양성으로의 전환을 목표로 하는 법학전문대학원이 출범을 한 지 어느덧 3년이 되었다. 그러나 충분한 사전 준비 없이 출범한 탓에 그 교육과정에 있어서 학생들은 물론 교수들이 적지 않은 혼선과 오류를 겪어야 했다.

저자 역시 마찬가지였다. 저자는 2010년 가을부터 제주대학교 법학전문대학원에서 헌법소송법을 강의해 왔는데 학생들에게 어떻게 가르쳐야 할지 난감할 때가 많았다.

무엇보다도 헌법소송법 강의에 적합한 교재를 찾기가 어려웠다. 물론 헌법소송에 관한 훌륭한 법서들이 이미 여러 권 나와 있기는 하나 과연 실무가를 지향하는 법학전문대학원 학생들의 눈높이에 맞는 교재인지에 대해서는 회의가 들었다. 한편 법학전문대학원 학생들의 대다수는 사법시험용 수험서를 기본서로 하여 헌법소송법을 공부하고 있는 것이 현실이다. 그러나 기본적인 법학지식의 체계적 습득을 목표로 하는 법조인 양성교육의 취지에 비추어 볼 때 사법시험용 수험서를 강의교재로 사용하는 것은 부적절했다.

저자는 고민 끝에 결국 독자적으로 강의안을 만들어 이를 강의교재로 활용하게 되었는데 이제 더욱 욕심을 내어 아예 강의안을 책으로 내고자 한다. 물론 헌법소송에 관한 학문적 깊이가 얕은 저자가 헌법소송법 교재를 낸다는 것은 만용에 가까운 일임을 잘 알고 있다. 그러나 저자의 책이 하나의 계기가 되어 헌법소송법 분야에서도 법학전문대학원의 교재에 적합한 좋은 책들이 연이어 출간된다면 저자의 만용도 의미가 있는 일이 아닌가 싶다.

이 책을 집필하면서 정종섭 교수의 『헌법소송법』, 허영 교수의 『헌법소송법론』을 많이 참고하였다. 두 분의 학문적 깊이에 경탄하면서 동시에 저자의 일천함이 부끄러웠다. 또한 헌법재판소가 발간한 『헌법재판실무제요』도 요긴한 자료로 사용하였다. 법학전문대학원 학생들이 훗날 변호사가 되어 헌법소송을 담당하게 될 때에는 반드시 참조해야 할 책이라 본다.

저자가 이 책을 집필하면서 역점을 둔 부분은 두 가지이다. 첫째는 학생들이 헌법소송법을 체계적으로 이해할 수 있도록 하는 것이고, 둘째는 변호사 시험 준비에 필요한 내용을 충실히 담아내는 것이다. 그러나 저자의 의도가 얼마만큼 실현되었는지는 미지수다. 결국 이 부분은 독자들의 판단에 맡길 수밖에 없을 것이다.

이 책은 2011년 11월 말까지 개정된 법령과 헌법재판소 및 대법원의 판례를 반영하였다. 여건이 허락되는 대로 계속 보완해 나갈 계획이다.

편집을 맡으신 한국학술정보(주) 출판사업부 권성용 대리님을 비롯해 이 책의 제작에 수고하신 여러분께 고마움을 전한다. 아무쪼록 이 책이 법학전문대학원 학생들의 헌법소송법 공부에 조금이나마 도움이 되기를 바란다.

2012년 1월
저자 신 용 인

CONTENTS

CONTENTS

CONTENTS

CONTENTS

CONTENTS

CONTENTS

CONTENTS

제1장 헌법재판 총론

제1절 헌법재판의 의의와 기능

I. 헌법재판의 의의

헌법재판이란 헌법적인 분쟁이 발생하였을 때 소송절차를 통하여 이를 유권적으로 해결하는 헌법의 인식·실현 작용이다. 헌법재판은 사람의 지배가 아닌 법의 지배를 그 이념적 전제로 한다. 따라서 법치주의와 밀접한 관련이 있고 법치주의를 실현하는 주요 수단 중 하나이다.

헌법재판은 협의와 광의로 나누어 살펴볼 수 있는데 협의는 위헌법률심판을 의미하고, 광의는 위헌법률심판 외에 탄핵심판, 정당해산심판, 권한쟁의심판, 헌법소원심판, 선거심사 등을 포함한다.

II. 헌법재판의 기능

헌법재판은 헌법을 실현하는 작용이라는 점에서 다음과 같은 기능을 갖는다.

1. 헌법분쟁 해결 기능

헌법재판기관은 헌법적인 분쟁이 발생했을 때 소송절차를 통해 헌법을 유권적으로 해석함으로써 이를 해결하는 기능을 갖는다. 헌법재판기관의 결정은 그에 따른 합헌적 질서를 형성하게 되고 모든 국민과 국가기관은 이를 존중하고 지켜야 한다.

2. 헌법보호기능

헌법재판은 헌법의 적으로부터 헌법을 보호하는 기능을 한다. 국가권력뿐만 아니라 단체 등 국가 외의 권력도 헌법을 침해할 수 있다. 위헌법률심판, 탄핵심판, 권한쟁의심판, 헌법소원심판은 국가권력으로부터 헌법을 보호하는 기능을 하며 정당해산심판은 국가 외의 권력으로부터 헌법을 보호하는 기능을 한다.

3. 기본권보장기능

헌법재판은 모든 공권력에 의한 기본권 침해를 최종적으로 구제하는 기본권의 최후 보루로서의 기능을 한다. 위헌법률심판, 헌법소원은 기본권 구제를 위한 가장 중요한 헌법재판이다. 특히 헌법소원은 기본권 보장을 위한 헌법재판의 꽃이라 불리기도 한다. 탄핵심판, 정당해산심판, 권한쟁의심판도 간접적으로 기본권 보장을 실현한다.

4. 기능적 권력통제기능

오늘날 행정국가·정당국가 현상으로 인하여 고전적인 3권 분립제도가 제대로 작동되지 않고 있다. 이러한 상황에서 헌법재판은 권력분립의 차원에서 국가권력의 부당한 행사를 통제하는 기능적 권력통제 기능을 한다. 헌법재판이 기능적 권력통제 기능을 제대로 발휘하기 위해서는 헌법재판의 독립성이 그 무엇보다도 요구된다.

5. 사회 안정 및 평화보장 기능

헌법재판은 정치세력 간의 극단적인 투쟁으로 비화될 수 있는 정치적인 분쟁을 헌법의 규범적 테두리 내에 끌어들여 법적으로 해결하게 함으로써 사회를 안정시키고 정치적인 평화를 보장하는 기능을 한다.

제2절 헌법재판의 법적 성격 등

I. 헌법재판의 특성

헌법재판은 헌법의 최고규범성을 전제로 하여 헌법을 실현하는 재판으로서 단순한 분쟁해결의 수단이 아니라 헌법적 가치의 실현을 통한 사회통합의 수단이다. 이 점에서 헌법재판은 일상생활의 법적 분쟁의 해결을 주된 내용으로는 민사·행정재판과는 다른 특성이 있다. 즉 헌법재판은 정치활동이나 국가작용이 헌법의 규범 내에서 작동되게 하고, 사회공동체를 정치적으로 통합시키는 역할을 하며, 일반 재판과 달리 강제집행수단이 없거나 약하다는 등의 특성을 갖는다.

Ⅱ. 헌법재판의 법적 성격

위와 같은 헌법재판의 특성과 관련하여 헌법재판의 법적 성격이 문제된다.

1. 학설

(1) 사법작용설

헌법과 법률은 같은 법규범이고 헌법해석은 법률해석과 다를 바 없다는 입장에서 헌법재판은 구체적 분쟁이 발생한 경우 재판 청구에 의해 헌법을 적용·판단하는 것이므로 다른 재판과 마찬가지의 사법작용이라는 견해이다.

(2) 정치작용설

헌법적인 분쟁은 본질적으로 법적인 분쟁이 아닌 정치적인 분쟁이므로 헌법적인 분쟁을 해결하는 헌법재판은 정치작용이라는 견해이다. C. Schmitt는 이러한 관점에서 헌법재판을 사법적 형태의 정치적 결단이라고 불렀다.

(3) 정치적 사법작용설

사법작용설과 정치작용설을 절충하여 헌법재판은 정치적 사건을 사법적 절차에 의해 해결하는 정치적 사법작용이라고 주장하는 견해이다.

(4) 입법작용설

헌법해석은 추상적인 헌법규범의 내용을 보완하고 형성하는 규범 창조적인 기능을 가지고 있다는 입장에서 헌법재판은 헌법해석을 통한 소극적 입법작용이라고 주장하는 견해이다.

(5) 제4의 국가작용설

헌법재판은 헌법실현을 위한 기능적 권력통제수단으로서 입법·사법·행정을 통제하는 제4의 국가작용이라는 견해이다. 이는 헌법재판의 본질을 헌법재판의 기능과 목적에서 찾으려는 시도이다.[1]

2. 비판 및 사견

사법작용설은 헌법이 일반 법률과는 규범 구조적으로 다른 특질(추상성·개방성·유동성·미완성성)을 가지고 있다는 점을 간과하였을 뿐아니라 헌법해석의 경우 일반 법률 해석방법을 그대로 도입하기에는 한계가 있다는 점도 외면하였다는 문제가 있다.

정치작용설은 헌법재판이 헌법해석을 통한 법 인식작용이라는 점을 무시하였고 헌법의 정치적 결단성만을 강조하여 헌법의 규범적

---

1) 허영, 헌법소송법론, 박영사, 2011, 20, 21면.

요소 및 가치적 요소를 도외시하였다는 문제가 있다.

정치적 사법작용설은 사법작용설과 정치작용설을 단순히 조합한 것에 불과하고 헌법재판의 본질을 모호하게 만들었다는 문제가 있다.

입법작용설은 헌법해석이 규범창조적인 기능을 가지고 있다고 하더라도 그것은 헌법재판의 본질이 아니라 헌법재판의 효과에 불과하다는 비판을 면할 수 없다.

제4의 국가작용설은 헌법재판소의 기능을 입법·행정·사법 중 어느 하나에 포함시키기가 어려워 그 실체가 분명하지 않다는 비판이 있다.

국가작용을 반드시 입법·행정·사법으로만 한정할 필요가 없다는 점, 헌법재판은 행정부의 행정작용, 입법부의 입법작용, 법원의 사법작용의 통제를 통해 헌법을 실현하는 작용이므로 행정작용, 입법작용, 사법작용과는 별개의 국가작용이라는 점 등을 종합하여 본다면 제4의 국가작용으로 보는 것이 타당하다.

Ⅲ. 헌법재판의 한계

1. 실정법상 한계

우리 헌법은 헌법재판소의 관할사항으로 위헌법률심판, 탄핵심판, 정당해산심판, 권한쟁의심판, 헌법소원심판을 규정하고 있다. 따라서 헌법재판소는 그 외에 사항에 대하여 헌법재판의 대상으로 삼을 수 없다.

2. 사법본질상 한계

헌법재판도 사법작용의 일종이므로 심판의 청구가 있어야 하고 당사자적격·권리보호이익·구체적 사건성 등의 재판 요건을 갖추어야 한다.

3. 내재적 한계

헌법재판은 권력분립의 원리를 근본적으로 부정하지 아니하는 테두리 안에서 이루어져야 한다는 내재적 한계가 있다.

제3절 헌법재판제도의 유래

헌법재판은 미국에서 처음 발생한 제도이다. 미국 연방헌법에는 헌법재판에 관한 명문 규정을 두지 않았으나 1803년 Mabury v. Madison 사건에서 당시 연방대법원장인 Marshall이 주도하여 연방법률에 대한 위헌결정을 한 것을 계기로 하여 위헌법률심사제도가 확립되었다.

그 내용을 살펴보면, 1800년 대통령 선거에서 공화파와 연방파가 대결했는데 공화파의 Tomas Jefferson이 연방파의 John Adams 대통령을 누르고 대통령에 당선되었고 의회 역시 공화파가 다수의석을 차지하게 되었다. 이에 Adams 대통령은 최소한 사법부만이라고 연방파의 영향권 하에 놓고자 하는 의도에서 임기 만료 전에 국무장관 John marshall을 연방대법원장으로 임명하고 연방법원 판사들도 연방파의 인사들로 임명하였다. Marbury는 Adams 대통령에 의해 콜롬비아 지역의 연방판사로 임명된 자인데 공교롭게도 임명장을 발송하기 전에 Adams 대통령이 퇴임했다. 그 후 대통령에 취임한 Tomas Jefferson은 국무장관 Madison에게 임명장 발송 중단 지시를 하여 Marbury는 임명장을 받을 수 없게 되었다. 이에 Mabury는 자신은 연방판사로 임명된 자라고 주장하며 Madison에게 임명장 수여를 명령하는 직무집행영장(Write of Mandamus)을 발부해 달라고 연방대법원에 소송을 제기했다.2)

Marshall 대법원장은 딜레마에 빠지게 되었는데 Mabury의 청구를 인용하여 직무집행영장을 발부하면 Jefferson 행정부가 이를 무시하여 사법부의 무력함을 드러나게 할 것이고 청구를 기각할 경우 공화파의 공격에 굴복하는 결과가 되기 때문이다. 이에 marshall 대법원장은 다음과 같은 묘수를 고안하였다. 즉 무엇이 법인가를 판단하는 일은 법원의 전문영역이며 임무이므로 의회가 제정한 법률이 헌법에 위반되는지 여부는 법원이 판단해야 한다고 하면서 직무집행영장 발부권한을 연방대법원에 부여한 Judiciary Act 제13조는 연방헌법 제3조 제2항 제2절에 위반하여 위헌이므로 연방대법원은 직무집행영장을 발부할 권한을 가질 수 없다고 판시하여 Mabury의 청구를 기각하였다.

---

2) 1789년 제정된 연방법률 Judiciary Act는 연방대법원에 직무집행영장을 발부할 권한을 부여하였다. 직무집행영장이란 연방대법원이 공직자에게 특정 직무를 집행할 것을 명령하는 영장을 말한다.

Marshall 대법원장의 지혜가 유감없이 발휘된 이 판결로 인해 미국에서는 위헌법률심사제도가 확립되었을 뿐 아니라 연방대법원의 위상도 크게 높아졌다.

유럽에서는 독일이 1849년 처음으로 헌법재판제도를 도입하였으나 시행되지는 못했다. 그러나 그 후 오스트리아에서 1920년 세계 최초로 독립된 헌법재판소를 설치하는 등 독일, 프랑스, 이탈리아 등 유럽 각국에서는 헌법으로 명문으로 헌법재판제도에 관한 규정을 두고 이를 시행하게 되었다.

제4절 헌법재판제도의 유형

Ⅰ. 재판담당기관에 의한 분류

1. 일반법원형

헌법재판을 일반법원에서 담당하는 유형이다. 미국의 연방대법원, 일본의 최고재판소가 이에 해당된다. 일반법원형의 경우 헌법재판은 위헌법률심판에 국한되고 구체적인 소송사건을 전제로 하는 구체적 규범통제에 한정된다. 법률의 위헌성을 인정하는 경우에도 당해 사건에 그 법률의 적용을 거부할 수 있을 뿐 그 효력을 전면적으로 부인하지 않는 것이 특색이다.

2. 헌법재판소형

헌법재판을 일반법원과는 별도로 구성된 헌법재판소에서 담당하는 유형이다. 독일의 연방헌법재판소, 오스트리아의 헌법재판소, 우리나라의 헌법재판소가 이에 해당한다.

3. 특별기관형

헌법재판을 일반법원이나 헌법재판소가 아닌 특수한 성격을 가진 기관에서 담당하는 유형이다. 프랑스의 헌법위원회가 이에 해당한다. 헌법위원회는 원칙적으로 법령의 공포 전의 예방적 위헌심사권을 갖는 데 그친다.

II. 재판 종류에 의한 분류

1. 규범통제

법령의 위헌 여부를 심사하여 위헌 법령의 효력을 상실시키거나 그 적용을 거부하는 제도를 말한다. 규범통제는 그 시기를 기준으로 사전적·예방적 규범통제와 사후적·교정적 규범통제로 나눌 수 있고, 재판의 전제 여부를 기준으로 추상적 규범통제와 구체적 규범통제로 나눌 수 있다.

1) 사전적·예방적 규범통제와 사후적·교정적 규범통제

(1) 사전적·예방적 규범통제

법령이 공포·시행되어 효력을 발생하기 전에 미리 그 위헌 여부를 심사하여 위헌 법령의 효력을 발생하지 못하게 하는 제도이다. 프랑스의 헌법위원회는 원칙적으로 예방적 규범통제만을 행한다. 또한 독일의 헌방헌법재판소도 조약의 비준동의법에 대해서는 예외적으로 예방적 규범통제를 한다. 이러한 예방적인 규범통제제도는 위헌적인 법률안의 입법화를 막는 장점을 가지고 있으나, 국가기관만이 위헌임을 주장할 수 있고, 국민은 위헌 여부를 주장할 수 없으며, 일단 법률이 공포·시행되어 효력을 발행한 후에는 위헌 여부를 다툴 길이 없다는 문제점이 있다.

(2) 사후적·교정적 규범통제

법령이 공포되거나 시행된 후에 그 위헌 여부를 심사하여 위헌 법령의 효력을 상실시키는 제도이다. 대부분의 국가에서는 사후적·교정적 규범통세를 채택하고 있나.

2) 추상적 규범통제와 구체적 규범통제

(1) 추상적 규범통제

법령의 위헌 여부가 재판의 전제가 되지 않는 경우, 즉 구체적 사건을 전제로 하지 않고서도 법령의 위헌 여부가 문제되면 이를 심사하는 제도이다. 추상적 규범통제에서는 규범통제의 신청권을 누구에게 줄 것인지가 문제되는데 일반적으로 입법과정에 참여하는 모든 관련 기관에게 그 신청권을 주는 것이 관례이다. 독일, 오스트리아 등 유럽의 여러 나라는 추상적 규범통제제도를 두고 있다.

(2) 구체적 규범통제

법령의 위헌 여부가 재판의 전제가 된 경우에 당사자의 신청 또는 법원의 직권에 의해 그 법령의 위헌 여부를 심사하는 제도이다. 구체적 규범통제는 일반법원형과 헌법재판소형에 따라 차이가 있는데, 일반법원형의 경우 위헌 법령이라고 인정하는 경우에 당해 사건에 그 법령의 적용을 거부할 수 있을 뿐 그 효력을 전면적으로 부인하지는 않는 반면 헌법재판소형의 경우 위헌 법령의 효력을 상실시킨다.

3) 우리나라의 경우

우리 헌법에 의한 위헌법률심판의 경우 사후교정적 규범통제이며, 법률의 위헌 여부가 재판의 전제가 된 경우에 당해 사건을 심리하여 위헌 여부를 판단하는 구체적 규범통제이다. 또한 헌법재판소형에 해당하므로 당해 법률이 위헌으로 인정될 경우에는 그 효력을 상실시킨다.

우리나라는 제헌 헌법 이래 계속하여 구체적 규범통제제도를 취했는데 제2공화국 헌법과 헌법재판소법이 추상적 규범통제제도를 규정했는지 여부는 논란이 있다.

2. 탄핵심판

탄핵심판제도는 영국, 프랑스 등 유럽의 군주통치시대에서 유래하는 제도로 우리나라 헌법은 대통령 등 고위공직자에 대한 탄핵소추권은 국회에, 탄핵심판권은 헌법재판소에 각각 부여하고 있다.

3. 위헌정당해산심판

위헌정당해산심판이란 방어적 민주주의 이념에 근거하여 정당의 목적이나 활동이 헌법적인 가치질서에 위배될 때 이를 심사하여 정당 활동의 위헌성이 인정되는 경우 그 정당의 해산을 명함으로써 헌법적인 가치질서를 보호하는 제도이다. 우리나라 헌법은 위헌정당해산심판권을 헌법재판소에 주고 있다.

4. 권한쟁의심판

권한쟁의심판이란 헌법기관 간에 권한의 존부나 범위에 관하여 다툼이 생긴 경우 이를 조정·해결하기 위한 헌법재판이다. 우리 헌법은 권한쟁의심판권을 헌법재판소에 주고 있다.

5. 헌법소원심판

헌법소원이란 공권력의 행사 또는 불행사에 의해 자신의 기본권을 침해받은 경우 헌법재판기관에게 당해 공권력 작용의 위헌 여부에 대한 심사를 청구하여 자신의 기본권을 구제받는 제도이다. 우리나라의 경우 현행 헌법에 이르러 처음으로 헌법소원제도를 규정하였다.

6. 선거소송

선거소송이란 공직선거에 관한 소송을 헌법소송으로 재판하게 하는 제도를 말한다. 선거소송도 헌법재판의 범주에 포함되지만 우리나라의 경우 이를 헌법재판소의 관할로 하지 않고, 대통령선거, 국회의원선거, 시·도지사선거, 비례대표 시·도의원선거, 교육감선거는 대법원의 관할로, 시·도의원선거, 자치구·시·군의 장 선거, 자치구·시·군의원 선거는 고등법원의 관할로 하고 있다.

제5절 우리나라 헌법재판제도의 역사

Ⅰ. 제1공화국 헌법(제헌헌법)의 헌법재판제도

제1공화국 헌법은 헌법재판제도로 위헌법률심사와 탄핵심판을 규정하고, 위헌법률심사는 헌법위원회가, 탄핵심판은 탄핵재판소가 담당하도록 하였다.

헌법위원회는 부통령을 위원장으로 하고 대법관 5인, 국회의원 5인을 합하여 11인으로 구성되었다. 탄핵재판소도 부통령을 재판장으로 하고 대법관 5인, 국회의원 5인을 합하여 11인으로 구성되었다. 헌법위원회와 탄핵재판소는 구성에 있어 사실상 차이가 없었다.

제1공화국 당시는 자유당 독재시절인 탓에 헌법위원회는 10년 동

안 오직 6건만을 심사하였고, 그중에서 농지개혁법과 비상사태하의 범죄처벌에 관한 특별조치령 등 2건에 대하여 위헌결정을 내렸다. 위헌결정의 이유는 둘 다 최고법원인 대법원의 재판을 받을 권리를 박탈하였다는 것이었다.

Ⅱ. 제2공화국 헌법(1960년 헌법)의 헌법재판제도

제2공화국 헌법은 4·19혁명으로 표출된 국민의 민주주의에 대한 열망을 반영하여 독립된 헌법재판소를 설치하였다. 이는 제1공화국의 헌법위원회와는 달리 상설기구였다. 헌법재판소는 대통령·대법원·참의원 각 3인씩 선임한 9인의 심판관으로 구성되었다.

제2공화국 헌법은 헌법재판소로 하여금 법률의 위헌심사, 헌법에 관한 최종적 해석, 국가기관 간의 권한쟁의, 정당의 해산, 탄핵재판, 대통령·대법원장·대법관의 선거에 관한 소송 등을 관장하도록 하였다. 한편 헌법소원제도는 두지 않았다.

그러나 헌법재판소가 미처 구성되기도 전에 5·16군사쿠데타가 일어나는 바람에 현실화되지는 못하고 말았다.

Ⅲ. 제3공화국(1962년 헌법)의 헌법재판제도

제3공화국 헌법은 헌법재판제도로 위헌법률심사, 정당해산심판, 탄핵심판을 규정하고, 그중 위헌법률심사, 정당해산심판은 대법원이, 탄

핵심판은 탄핵심판위원회가 담당하도록 하였다. 권한쟁의심판제도와
헌법소원제도는 두지 않았다.

탄핵심판위원회는 대법원장을 위원장으로 하고 대법원판사 3인,
국회의원 5인의 위원으로 구성하였다. 다만 대법원장을 심판하는 경
우에는 국회의장이 위원장이 되도록 하였다.

군사쿠데타로 탄생한 제3공화국은 태생적으로 헌법재판과 어울릴
수가 없었다. 그리하여 10년의 기간 동안 대법원은 1971년에 군인에
대하여 국가이중배상을 금지한 국가배상법 제2조 제1항 단항과 법원
조직법 제59조 제1항 단항의 각 규정이 위헌이라고 판결3)을 선고한
것 외에 달리 위헌판결을 한 것이 없었다. 그런데 위 1건의 위헌판
결로 인해 위헌의견을 냈던 대법원 판사들이 모두 재임용에서 탈락
되는 등 집권세력에 의한 탄압을 받았다. 대법원이 헌법재판을 제대
로 하기가 어려운 상황이었다.

Ⅳ. 제4공화국(유신헌법)의 헌법재판제도

박정희 대통령은 1972년 영구집권을 기도하며 유신체제를 구축하
였는데 이로 인해 탄생한 제4공화국 헌법은 헌법재판을 담당하는 기
관으로 헌법위원회를 두고 위헌법률심사, 탄핵심판, 정당해산심판을
관장하도록 하였다. 권한쟁의심판제도와 헌법소원제도는 두지 않았
다. 헌법위원회는 대통령이 임명하는 9인의 위원으로 구성하는데 그
중 3인은 국회에서 선출하는 자를, 3인은 대법원장이 지명하는 자를

---

3) 대법원 1971. 6. 22. 70다1010 판결.

임명하도록 하였다. 위원장은 대통령이 위원 중에서 임명했다.

한편 하급법원이 위헌법률심사 제청을 하는 경우에는 반드시 대법원을 경유하게 하고 대법원에게는 이를 심사하여 제청이 불필요하다고 판단하면 헌법위원회에 그 제청서를 송부하지 않을 수 있도록 하는 불송부결정권을 주었다.

박정희 대통령의 영구집권을 추구하는 제4공화국의 헌법 하에서 헌법재판은 명목적인 것에 불과할 수밖에 없었다. 특히 대법원의 불송부결정권으로 인해 구체적 규범통제는 무용지물이 되고 말았다. 그리하여 위헌법률심사가 단 한 건도 이루어지지 않았다.

V. 제5공화국(1980년 헌법)의 헌법재판제도

1980년 전두환 등 군부세력의 쿠데타를 통해 성립한 제5공화국 헌법은 제4공화국 헌법의 헌법재판제도를 거의 계승하였다. 전과 같이 헌법위원회를 두고 위헌법률심사, 탄핵심판, 정당해산심판을 관장하도록 하였다. 한편 하급법원이 위헌법률심사 제청을 하는 경우에 대법원판사 2/3 이상의 합의체에서 당해 법률이 위헌이라고 인정할 때에만 제청서를 헌법위원회에 송부하도록 하여 사실상 위헌법률심사를 무력화시켰다. 결국 제5공화국 헌법 하에서도 제4공화국 때와 마찬가지로 위헌법률심판이 단 한 건도 이루어지지 않았다.

Ⅵ. 현행 헌법의 헌법재판제도

1987년 6월 민주항쟁의 산물로 탄생한 현행 헌법은 제2공화국 헌법과 마찬가지로 독립된 헌법재판소를 설치하고 위헌법률심판, 탄핵심판, 정당해산심판, 권한쟁의심판, 헌법소원심판을 관장하게 하고 있다. 특히 헌법소원은 현행 헌법에서 처음으로 도입된 제도이다.

헌법재판소는 1988. 9. 19.부터 활동을 시작하여 2011. 10. 31.까지 20,439건에 이르는 헌법재판사건을 처리하고 434건의 위헌결정을 하는 등 활발한 활동을 통해 많은 판례를 축적하고 있다. 우리 헌정사상 처음으로 헌법재판소가 헌법의 수호자로서의 기능을 제대로 하면서 헌법재판이 활성화되는 시대가 열리고 있는 것이다.

제2장 헌법재판소의 지위 등

제1절 헌법재판소의 헌법상 지위

Ⅰ. 헌법분쟁해결기관으로서의 지위

헌법재판소는 헌법적인 분쟁이 발생하였을 때 소송절차를 통하여 헌법을 유권적으로 해석함으로써 이를 해결하는 헌법분쟁해결기관으로서의 지위를 갖는다. 헌법재판소가 내린 헌법해석은 당사자와 국가기관을 구속하며 헌법재판소가 이를 스스로 변경하지 않는 한 어느 누구도 이를 부인할 수 없다.

Ⅱ. 헌법보호기관으로서의 지위

헌법재판소는 헌법재판을 통하여 헌법적인 질서를 보호·유지하는 헌법보호기관으로서의 지위를 갖는다. 위헌법률심판, 탄핵심판, 권한쟁의심판, 헌법소원심판, 정당해산심판 모두 국가권력 내지 국가 외의 권력의 헌법파괴행위에 대한 헌법보호수단이다. 따라서 헌법재판소는 헌법의 수호자라고 할 수 있다.

Ⅲ. 기본권보장기관으로서의 지위

헌법재판소는 위헌·위법한 법령이나 공권력의 행사 또한 불행사 등으로 인해 헌법상 보장된 기본권이 침해받은 경우 이를 구제해 주는 기본권보장기관으로서의 지위를 갖는다. 헌법재판소는 위헌법률심판·헌법소원심판을 통하여 기본권을 직접적으로 보장하고 탄핵심판·권한쟁의심판·위헌정당해산심판을 통하여 기본권을 간접적으로 보장한다.

Ⅳ. 권력통제기관으로서의 지위

헌법재판소는 위헌법률심판을 통하여 입법부를, 탄핵심판을 통하여 집행부와 사법부를, 위헌정당해산심판을 통하여 정치권력을, 헌법소원심판을 통하여 모든 공권력을 각각 통제하는 권력통제기관으로서의 지위를 갖는다.

오늘날 행정국가·정당국가 현상으로 인하여 고전적인 3권 분립제도가 제대로 작동되지 않고 있다. 이러한 상황에서 헌법재판소의 권력통제기관으로서의 지위는 의미가 크다고 아니 할 수 없다.

Ⅴ. 사회안정 및 평화보장기관으로서의 지위

헌법재판소는 정치적인 분쟁을 헌법의 규범적 테두리 내에 끌어들여 법적으로 해결하게 함으로써 사회를 안정시키고 정치적인 평화를 보장하는 기관으로서의 지위를 갖는다.

제2절 헌법재판소의 구성

Ⅰ. 재판관

1. 재판관의 임명

헌법재판소는 법관의 자격을 가진 9인의 재판관으로 구성되며 재판관은 대통령이 임명한다. 이 중 3인은 국회에서 선출하는 사람을, 3인은 대법원장이 지명하는 사람을 임명한다(헌법 제111조 제2·3항).

재판관의 자격요건을 구체적으로 보면, 15년 이상 ① 판사·검사·변호사, ② 변호사의 자격이 있는 사람으로서 국가기관, 국영·공영기업체, 공공기관의운영에관한법률 제4조에 따른 공공기관 또는 그 밖의 법인에서 법률에 관한 사무에 종사한 사람, ③ 변호사의 자격이 있는 사람으로서 공인된 대학의 법률학 조교수 이상의 직에 있던 사람이어야 하고 또 40세 이상이어야 한다. 위의 둘 이상의 직에 있던 사람의 재직기간은 이를 합산한다(법 제5조 제1항). 한편 위와 같은 자격요건을 갖추었어도 ① 다른 법령에 의하여 공무원으로 임용하지 못하는 사람, ② 금고 이상의 형을 선고받은 사람, ③ 탄핵에 의하여 파면된 후 5년을 경과하지 아니한 사람은 재판관으로 임명할 수 없다(법 제5조 제2항).

재판관은 국회의 인사청문을 거쳐 임명·선출 또는 지명하여야 한다. 이 경우 대통령은 재판관(국회에서 선출하거나 대법원장이 지명하는 사람 제외)을 임명하기 전에, 대법원장은 재판관을 지명하기 전에 인사청문을 요청한다(법 제6조 제2항). 국회에서 선출되는 재판관의 경우에도 인사청문특별위원회의 인사청문을 거친다(국회법 제46조의3).

헌법재판소장은 국회의 동의를 받아 재판관 중에서 대통령이 임명한다(헌법 제111조 제4항, 법 제12조 제2항). 헌법재판소장은 헌법재판의 재판관으로서의 지위와 헌법재판소 업무의 최고책임자로서의 지위를 동시에 갖는다.

2. 재판관의 임기

재판관의 임기는 6년으로 하며 연임할 수 있다(헌법 제112조 제2항, 법 제7조 제1항). 재판관의 정년은 65세로 한다. 다만, 헌법재판소장인 재판관의 정년은 70세로 한다(법 제7조 제2항). 재판관의 임기가 만료되거나 정년이 도래하는 경우에는 임기만료일 또는 정년도래일까지 후임자를 임명하여야 하고(법 제6조 제3항), 임기 중 재판관이 결원된 경우에는 결원된 날부터 30일 이내에 후임자를 임명하여야 한다(법 제6조 제4항). 다만 국회에서 선출한 재판관이 국회의 폐회 또는 휴회 중에 그 임기가 만료되거나 정년이 도래한 경우 또는 결원된 경우에는 국회는 다음 집회가 개시된 후 30일 이내에 후임자를 선출하여야 한다(법 제6조 제5항).

3. 재판관의 직무와 신분

재판관은 헌법과 법률에 의하여 양심에 따라 독립하여 심판한다(법 제4조). 재판관은 ① 탄핵결정이 된 경우, ② 금고 이상의 형을 선고받은 경우가 아니면 그 의사에 반하여 파면 또는 해임되지 않는다(헌법 제112조 제3항, 법 제8조). 재판관은 정당에 가입하거나 정치에 관여할 수 없다(헌법 제112조 제2항). 재판관은 ① 국회 또는 지방의회의 의원의 직, ② 국회·정부 또는 법원의 공무원의 직, ③ 법인·단체 등의 고문·임원 또는 직원의 직을 겸하거나 영리를 목적으로 하는 사업을 할 수 없다(법 제14조). 헌법재판소장의 대우와 보수는 대법원장의 예에 따르며, 재판관은 정무직으로 하고 그 대우와 보수는 대법관의 예에 따른다(법 제15조).

4. 재판부

1) 전원재판부

헌법재판소법에 법에 특별한 규정이 있는 경우를 제외하고는 헌법재판소의 심판은 재판관 전원으로 구성되는 재판부에서 관장한다(법 제22조). 이를 강학상 전원재판부라 부른다.

2) 지정재판부

헌법재판소장은 헌법재판소에 재판관 3인으로 구성되는 지정재판부를 두어 헌법소원심판의 적법성에 대한 사전심사를 담당하게 할 수 있다(법 제72조 제1항). 현재 '지정재판부의 구성과 운영에 관한 규칙'에 의거하여 제1지정 재판부, 제2지정 재판부, 제3지정재판부의 3개 지정재판부가 구성되어 있다.

제3절 헌법재판소의 조직

I. 헌법재판소장

헌법재판소장은 헌법재판소를 대표하고, 헌법재판소의 사무를 통리하며, 소속공무원을 지휘·감독한다(법 제12조 제3항). 따라서 헌법재판소장은 헌법재판소 업무의 최고책임자이다.

헌법재판소장이 궐위되거나 부득이한 사유로 직무를 수행할 수 없을 때에는 다른 재판관이 헌법재판소규칙으로 정하는 순서에 따라 그 권한을 대행한다(법 제12조 제4항). 이에 관한 규칙으로는 헌법재판소장의권한대행에관한규칙이 있는데 동 규칙은 헌법재판소장이 일시적인 사고로 직무를 수행할 수 없을 때와 궐위되거나 1월 이상 사고로 직무를 수행할 수 없을 때를 구별하여 규정하고 있다. 즉 헌법재판소장이 일시적인 사고로 인하여 직무를 수행할 수 없을 때에는 헌법재판소재판관 중 임명일자 순으로 그 권한을 대행하고 임명일자가 같을 때에는 연장자 순으로 대행한다(동 규칙 제2조). 헌법재판소장이 궐위되거나 1월 이상 사고로 인하여 직무를 수행할 수 없을 때에는 헌법재판소 재판관 중 재판관회의에서 재판관 7인 이상의 출석과 출석인원 과반수의 찬성으로 선출된 자가 그 권한을 대행한다(동 규칙 제3조).

Ⅱ. 재판관회의

재판관회의는 헌법재판소의 중요 업무를 심의·의결하는 행정기관이다. 이 점에서 심판기관인 전원재판부와 구별된다. 재판관회의는 재판관 전원으로 구성하며, 헌법재판소장이 의장이 된다(법 제16조 제1항). 재판관회의는 재판관 7인 이상의 출석과 출석인원 과반수의 찬성으로 의결한다(법 제16조 제2항). 의장은 의결에서 표결권을 가진다(법 제16조 제3항).

재판관회의의 의결을 거쳐야 하는 사항으로는 ① 헌법재판소규칙의 제정과 개정, 헌법재판소 업무와 관련된 입법의견의 제출에 관한 사항, ② 예산요구, 예비금 지출과 결산에 관한 사항, ③ 사무처장·사무차장·헌법재판연구원장·헌법연구관 및 3급 이상 공무원이 임면에 관한 사항, ④ 특히 중요하다고 인정되는 사항으로서 헌법재판소장이 재판관회의에 부치는 사항을 들 수 있다(법 제16조 제4항).

재판관회의의 운영에 관하여 필요한 사항은 헌법재판소재판관회의규칙에서 정하고 있는데, 동 규칙에 의하면 재판관회의에는 정례재판관회의와 임시재판관회의가 있다. 정례재판관회의는 매월 첫째 주 목요일에 소집되고 임시재판관회의는 필요에 따라 헌법재판소장 또는 재판관 3인 이상의 요구에 의하여 헌법재판소장이 소집한다(동 규칙 제2조).

Ⅲ. 사무처

헌법재판소의 행정사무를 처리하기 위하여 헌법재판소에 사무처를 둔다(법 제17조 제1항). 사무처에는 사무처장과 사무차장을 둔다(법 제17조 제2항).

사무처장은 헌법재판소장의 지휘를 받아 사무처의 사무를 관장하며, 소속공무원을 지휘·감독하고(법 제17조 제3항), 국회 또는 국무회의에 출석하여 헌법재판소의 행정에 관하여 발언할 수 있으며(법 제17조 제4항), 헌법재판소장이 한 처분에 대한 행정소송의 피고가 된다(법 제17조 제5항). 사무처장은 정무직으로 하고, 보수는 국무위원의 보수와 같은 금액으로 한다(법 제18조 제1항).

사무차장은 사무처장을 보좌하며, 사무처장이 부득이한 사유로 직무를 수행할 수 없을 때에는 그 직무를 대행한다(법 제17조 제6항). 사무차장은 정무직으로 하고, 보수는 차관의 보수와 같은 금액으로 한다(법 제18조 제2항).

사무처에 실·국·과를 둔다(법 제17조 제7항). 실에는 실장, 국에는 국장, 과에는 과장을 두되 사무처장·차장·실장 또는 국장 밑에 정책의 기획, 계획의 입안, 연구·조사, 심사·평가 및 홍보업무를 보좌하는 심의관 또는 담당관을 둘 수 있다(법 제17조 제8항). 실장은 1급 또는 2급, 국장은 2급 또는 3급, 심의관 및 담당관은 2급부터 4급까지, 과장은 3급 또는 4급의 일반직국가공무원으로 임명한다. 다만, 담당관 중 1명은 3급 상당 또는 4급 상당의 별정직국가공무원으로 임명할 수 있다(법 제18조 제3항).

헌법재판소법에 규정하지 아니한 사항으로서 사무처의 조직, 직무범위, 사무처에 두는 공무원의 정원, 그 밖에 필요한 사항은 헌법재판소사무기구에관한규칙으로 정하고 있다. 동 규칙에 의하면 사무처의 하부조직으로는 기획조정실·행정관리국·심판사무국·심판자료국을 두고 있고, 사무처장의 밑에 공보관을 두고 있다.

사무처공무원은 헌법재판소장이 임면한다. 다만, 3급 이상의 공무원의 경우에는 재판관회의의 의결을 거쳐야 한다(법 제18조 제4항). 헌법재판소장은 다른 국가기관에 대하여 그 소속공무원을 사무처공무원으로 근무하게 하기 위하여 헌법재판소에의 파견근무를 요청할 수 있다(법 제18조 제5항).

Ⅳ. 헌법연구관 등

1. 헌법연구관

헌법재판소는 헌법재판소규칙으로 정하는 수의 특정직 국가공무원인 헌법연구관을 둔다(법 제19조 제1항, 제2항). 헌법연구관은 헌법재판소장의 명을 받아 사건의 심리 및 심판에 관한 조사·연구에 종사한다(법 제19조 제3항). 헌법연구관은 판사·검사·변호사 등 일정한 자격이 있는 자 중에서 헌법재판소장이 재판관회의의 의결을 거쳐 임용한다(법 제19조 제4항). 헌법연구관의 임기는 10년으로 하되, 연임할 수 있고, 정년은 60세로 한다(법 제19조 제7항). 헌법재판소장은 다른 국가기관에 대하여 그 소속공무원을 헌법연구관으로 근무하게 하기 위하여 헌법재판소에의 파견근무를 요청할 수 있다(법 제19조 제9항). 사무차장은 헌법연구관의 직을 겸할 수 있다(법

제19조 제10항). 헌법재판소장은 헌법연구관으로 하여금 사건의 심리 및 심판에 관한 조사·연구업무 외의 직을 겸임하게 할 수 있다. 이 경우 헌법연구관의 수는 헌법재판소규칙으로 정하며, 보수는 그 중 고액의 것을 지급한다(법 제19조 제11항).

2. 헌법연구관보

헌법연구관보는 헌법재판소장이 재판관회의의 의결을 거쳐 임용한다(법 제19조의2 제2항). 헌법연구관을 신규 임용하는 경우에는 3년간 헌법연구관보로 임용하여 근무하게 한 후 그 근무성적을 고려하여 헌법연구관으로 임용한다. 다만, 경력 및 업무능력 등을 참작하여 헌법재판소규칙이 정하는 바에 따라 헌법연구관보 임용을 면제하거나 그 기간을 단축할 수 있다(법 제19조의2 제1항). 헌법연구관보는 별정직국가공무원으로 하고, 그 보수와 승급기준은 헌법연구관의 예에 따른다(법 제19조의2 제3항).

3. 헌법연구위원

헌법재판소에 헌법연구위원을 둘 수 있다. 헌법연구위원은 사건의 심리 및 심판에 관한 전문적인 조사·연구에 종사한다(법 제19조의3).

4. 헌법재판연구원

헌법 및 헌법재판 연구와 헌법연구관, 사무처 공무원 등의 교육을 위하여 헌법재판소에 헌법재판연구원을 둔다(법 제19조의4).

제4절 헌법재판소의 규칙제정권과 입법의견
제출권

Ⅰ. 규칙제정권

헌법재판소의 조직과 운영 기타 필요한 사항은 법률로 정한다(헌
법 제113조 제3항). 이에 관한 법률이 헌법재판소법이다. 그런데 헌
법재판소는 헌법재판소법과 다른 법률에 저촉되지 아니하는 범위 안
에서 심판에 관한 절차, 내부규율과 사무처리에 관한 규칙을 제정할
수 있다(헌법 제113조 제2항, 법 제10조 제1항). 이와 같이 헌법이
헌법재판소에 규칙제정권을 인정한 이유는 헌법재판소의 조직과 운
영에 있어서 독립성을 보장하고 헌법재판과 관련한 전문적·기술적
사항은 헌법재판소로 하여금 자율적으로 제정하게 함으로써 헌법재
판업무를 효율적으로 수행하게 하기 위해서이다. 헌법재판소규칙의
제정·개정·폐지는 재판관회의의 의결을 거쳐야 한다. 헌법재판소
규칙은 관보에 게재하여 이를 공포한다(법 제10조 제2항).

II. 입법의견제출권

헌법재판소장은 헌법재판소의 조직·인사·운영·심판절차와 그 밖에 헌법재판소의 업무에 관련된 법률의 제정 또는 개정이 필요하다고 인정하는 경우에는 국회에 서면으로 그 의견을 제출할 수 있다 (법 제10조의2). 이 경우도 재판관회의의 의결을 거쳐야 한다.

제3장 일반심판절차

제1절 총설

헌법재판소가 관장하는 헌법재판은 위헌법률심판, 탄핵심판, 정당해산심판, 권한쟁의심판, 헌법소원심판이다. 헌법재판소법은 위와 같은 다섯 종류의 심판절차에 일반적으로 적용되는 일반심판절차와 각 개별심판절차에 적용되는 특별심판절차로 나누어 규정하고 있다.

헌법재판소의 심판절차에 관하여는 헌법재판소법에 특별한 규정이 있는 경우를 제외하고는 헌법재판의 성질에 반하지 아니하는 한도에서 민사소송에 관한 법령을 준용한다(법 제40조 제1항). 한편 탄핵심판의 경우에는 형사소송에 관한 법령을 준용하고, 권한쟁의심판 및 헌법소원심판의 경우에는 행정소송법을 함께 준용하는데 이 경우 형사소송에 관한 법령 또는 행정소송법이 민사소송에 관한 법령과 저촉될 때에는 민사소송에 관한 법령은 준용하지 아니한다(법 제40조 제1항, 제2항).

제2절 재판부

I. 재판부의 구성

1. 전원재판부

1) 구성

헌법재판소법에 특별한 규정이 있는 경우를 제외하고는 헌법재판소의 심판은 재판관 전원으로 구성되는 재판부에서 관장한다(법 제22조 제1항). 이를 강학상 전원재판부라고 함은 앞서 본 바와 같다. 전원재판부의 재판장은 헌법재판소장이 된다(법 제22조 제2항).

2) 심판정족수

심판정족수에는 헌법재판사건을 심리하기 위해 필요한 정족수인 심리정족수와 헌법재판사건을 결정하기 위해 필요한 정족수인 결정정족수가 있다.

(1) 심리정족수

전원재판부는 재판관 7인 이상의 출석으로 사건을 심리한다(법 제23조 제1항). 그런데 재판관 중 3인 이상이 사고 등으로 재판업무를 수행할 수 없는 경우 심리정족수 미달로 헌법재판을 할 수 없게 된다. 이에 대비하여 예비재판관을 두는 방안을 고려해 볼 필요가 있다.

(2) 결정정족수

전원재판부는 종국심리에 관여한 재판관의 과반수의 찬성으로 사건에 관한 결정을 한다. 다만, ① 법률의 위헌결정, 탄핵의 결정, 정당해산의 결정 또는 헌법소원에 관한 인용결정을 하는 경우, ② 종전에 헌법재판소가 판시한 헌법 또는 법률의 해석적용에 관한 의견을 변경하는 경우에는 재판관 6인 이상의 찬성이 있어야 한다(법 제23조 제2항). 위와 같은 특별다수결 방식에 대하여 이는 소수의 횡포를 가져올 뿐 아니라 소수재판관들이 헌법제정권자인 국민의 의사를 정하는 것이 되므로 적어도 위헌법률심판이나 헌법소원심판과 같이 표결로 헌법의 의미를 확정하는 사안에서는 단순다수결로 결정하는 것이 타당하다는 견해가 있다.[4]

2. 지정재판부

헌법재산소상은 헌법재판소에 재판관 3인으로 구성되는 지정재판부를 두어 헌법소원심판의 적법성에 대한 사전심사를 담당하게 할 수 있다(법 제72조 제1항). 현재 헌법재판소에는 3개의 지정재판부가 구성되어 있다.

지정재판부는 헌법소원심판 신청이 부적법한 경우에는 지정재판부 재판관 전원의 일치된 의견에 의한 결정으로 헌법소원의 심판청구를 각하할 수 있다(법 제72조 제3항).

---

4) 정종섭, 헌법소송법, 박영사, 2010, 117면.

Ⅱ. 제척 · 기피 및 회피

1. 헌법재판에서의 특성

제척 · 기피 및 회피제도는 공정한 재판을 실현하기 위해 불가피한 제도로서 모든 소송절차에 적용되는 제도이다. 헌법재판소법도 헌법 재판에서의 제척 · 기피 및 회피를 인정하고 있다. 그런데 헌법재판 소는 원칙적으로 전원재판부로 구성이 되므로 재판부의 교체가능성 도 없고 예비재판관제도도 없다. 그럼에도 일반 소송절차와 마찬가 지로 운영한다면 헌법재판의 특성에 맞지 않을 수가 있다. 특히 제 척 · 기피 및 회피로 재판관이 재판에서 배제되는 경우에 재판관 6인 이상의 찬성을 필요로 하는 위헌판단 등에 있어서는 정상적인 재판 이 어렵게 될 수도 있다. 따라서 일반 소송절차의 경우보다 제척 · 기피 및 회피의 사유를 좁게 해석할 필요가 있다.

2. 제척

1) 제척의 의의

제척이란 재판관이 구체적인 사건에 대하여 법률이 정한 일정한 사유가 있을 때 그 법에 의해 당연히 그 사건에 관한 직무집행으로 부터 배제되는 것을 말한다.

2) 제척사유

헌법재판소법은 재판관의 제척사유로 다음과 같은 5가지를 규정하
고 있다(법 제24조 제1항).

① 재판관이 당사자이거나 당사자의 배우자 또는 배우자였던 경우
② 재판관과 당사자가 친족관계이거나 친족관계였던 경우
③ 재판관이 사건에 관하여 증언이나 감정을 하는 경우
④ 재판관이 사건에 관하여 당사자의 대리인이 되거나 되었던 경우
⑤ 그 밖에 재판관이 헌법재판소 외에서 직무상 또는 직업상의 이
  유로 사건에 관여한 경우

3) 절차

재판부는 직권 또는 당사자의 신청에 의하여 제척의 결정을 한다
(법 제24조 제2항). 지정재판부의 재판관에 대한 제척신청은 그 지정
재판부에, 전원재판부에 회부된 경우에는 전원재판부에, 수명재판관
에 대한 제척신청은 그 재판관에게 이유를 밝혀 해야 하며, 제적하
는 이유와 소명방법은 신청한 날부터 3일 이내에 서면으로 제출하여
야 한다(법 제24조 제6항, 민사소송법 제44조 제1항, 제2항).
제척신청이 법정의 방식에 어긋나거나 소송의 지연을 목적으로 하
는 것이 분명한 경우에는 신청을 받은 재판부 또는 수명재판관은 결
정으로 이를 각하한다(법 제24조 제6항, 민사소송법 제45조 제1항).
제척을 당한 재판관은 각하된 경우를 제외하고는 바로 제척신청에
대한 의견서를 제출하여야 한다(법 제24조 제6항, 민사소송법 제45
조 제2항).

재판부는 제척신청이 있는 경우에는 그 심판이 확정될 때까지 본 안절차를 정지하여야 한다. 다만, 제척신청이 각하된 경우 또는 종국 결정을 선고하거나 긴급을 요하는 행위를 하는 경우에는 그러하지 아니하다(법 제24조 제6항, 민사소송법 제48조).

4) 심판

제척신청에 대한 심판은 재판부에서 결정으로 한다(법 제24조 제6 항, 민사소송법 제46조 제1항). 이때의 재판부는 전원재판부를 의미 하며 실무도 일체의 제척신청에 대한 심판을 전원재판부에서 한다. 제척신청을 받은 재판관은 그 심판에 관여하지 못한다. 다만, 의견을 진술할 수 있다(법 제24조 제6항, 민사소송법 제46조 제2항).

3. 기피

1) 기피의 의의

기피란 재판관에게 제척사유 외에 공정한 심판을 기대하기 어려운 사정이 있는 경우에 당사자의 신청을 기다려 그 재판관을 그 사건의 직무집행에서 배제하는 것을 말한다.

2) 기피사유

제척사유 외에 공정한 심판을 기대하기 어려운 사정이 기피사유가 된다. 기피사유는 건전한 상식을 가진 보통인의 판단에 비추어 재판관이 불공정한 재판을 하지 않을까 하는 염려를 일으킬 수 있는 객관적인 사정을 말한다(헌재 2001. 7. 12. 2001헌사236). 따라서 당사자의 주관적인 의심만으로는 기피사유에 해당되지 않는다.

기피는 재판관에게 심판의 공정을 기대하기 어려운 사정이 있는 경우에 당사자의 신청에 의하여 그 재판관을 직무집행으로부터 제외시키는 제도이다. 그리고 여기서 심판의 공정을 기대하기 어려운 사정이 있는 때라 함은 건전한 상식을 가진 보통인의 판단에 비추어 재판관과 사건과의 관계로 보아 불공정한 심판을 하지나 않을까 하는 염려를 당사자에게 일으킬 수 있을 것이라고 생각되는 객관적인 사정이 있는 때를 말하고 단순히 불공정한 심판이 될지도 모른다고 하는 주관적인 의심을 갖는 사정을 의미하지는 않는다. 그런데 재판관 甲이 이 사건 기피신청의 본안사건과 그 기초관계가 동일한 사건들에 관하여 재판장으로서 4차례에 걸쳐 기각 또는 각하결정을 하였다는 사정은 단지 신청인으로 하여금 불공정한 심판이 될지도 모른다는 주관적인 의심을 갖게 하는 사정이 될 수 있을지언정 공정한 심판을 기대하기 어려운 객관적 사정에 해당된다고 할 수 없음이 명백하므로 재판관 甲에게는 이 사건 기피신청의 본안사건인 2001헌마375 불기소처분취소 사건에 관하여 기피의 원인이 있다고 할 수 없다(헌재 2001. 7. 12. 2001헌사236).

3) 절차 및 심판

제척에 대한 절차 및 심판의 경우와 같다. 다만 제척은 직권으로 할 수 있지만 기피는 반드시 당사자의 신청이 있어야 한다.

4) 제한

당사자는 변론기일에 출석하여 본안에 관한 진술을 한 때에는 기피신청을 할 수 없다(법 제24조 제3항). 또한 동일한 사건에 대하여 2명 이상의 재판관을 기피할 수 없다(법 제24조 제4항). 헌법재판의 특성을 반영하여 이와 같은 제한규정을 둔 것이다.

4. 회피

재판관은 제척 또는 기피의 사유가 있는 경우에는 재판장의 허가를 얻어 회피할 수 있다(법 제24조 제5항).

제3절 헌법소송의 당사자

I. 헌법소송 유형별 당사자

헌법재판절차에 있어서 자기의 이름으로 심판청구를 하는 자를 청구인이라 하고, 그 상대방을 피청구인이라 한다. 그런데 헌법재판의 종류에 따라 청구인과 피청구인이 다르다. 위헌법률심판의 경우에는 제청법원을 청구인으로 볼 수도 있으나 그렇게 보기에는 이론상 어려움이 많다. 피청구인의 경우 실무상으로는 존재하지 않는 것으로 본다. 탄핵심판의 경우에는 소추인이 청구인이 되고, 피소추인이 피청구인이 된다. 정당해산심판의 경우에는 정부가 청구인이 되고 해당정당이 피청구인이 된다. 권한쟁의심판의 경우에는 피해기관이 청구인이 되고 가해기관이 피청구인이 된다. 법 제68조 제1항에 의한 헌법소원(이하 권리구제형 헌법소원이라 한다)심판의 경우 청구인은 공권력의 행사 또는 불행사로 인하여 헌법상 보장된 기본권을 침해받은 자가 될 것이고 피청구인은 실무상 법령을 심판대상으로 하는 경우에는 위헌법률심판의 경우와 마찬가지로 보고 그 밖의 경우에는 피청구인의 존재를 상정하여 절차를 진행한다. 법 제68조 제2항에 의한 헌법소원(이하 위헌심사형 헌법소원이라 한다)심판의 경우 청구인은 위헌제청신청을 했던 신청인이고 피청구인은 없는 것으로 본다.

Ⅱ. 당사자의 지위와 권리

헌법재판의 당사자는 심판절차에 참여할 권리를 갖는다. 위헌법률심판과 헌법소원심판의 경우 원칙적으로 서면심리로 심판한다. 그러나 재판부가 필요하다고 인정하여 변론을 여는 경우에는 당사자는 변론 시 진술할 수 있는 지위를 가진다. 한편 탄핵심판·정당해산심판 및 권한쟁의심판의 경우에는 구두변론에 의한 심리를 하므로 당사자는 대립적인 변론주체로서 참여하는 지위를 가진다.

당사자는 심판절차에서 청구서 또는 답변서를 제출할 권리, 제척·기피신청을 할 권리, 기일지정을 신청할 권리, 변론기일에서 변론 및 진술을 할 권리, 증거조사를 신청하고 증거조사에 참여할 권리, 심판결정을 송달받을 수 있는 권리 등(법 제24조, 제27조, 제28조, 제29조, 제30조, 제31조 제1항, 제36조 제4항)을 가진다.

Ⅲ. 이해관계인

헌법재판은 단순한 분쟁해결의 수단이 아니라 헌법적 가치의 실현을 통한 사회통합의 수단이므로 당사자 외에도 여러 이해관계인들을 헌법소송절차에 참여시킬 필요가 있다. 이에 헌법재판소법은 ① 위헌법률의 심판 및 헌법소원에 관한 심판에서 재판부가 필요하다고 인정하여 변론을 연 경우에 이해관계인 기타 참고인(법 제30조 제2항), ② 위헌법률심판에서 법무부장관(법 제44조), ③ 헌법소원심판에서 이해관계가 있는 국가기관 또는 공공단체와 법무부장관(법 제74조 제1항) 등을 소송참가인으로 규정하고 있다. 이와 같은 이해관계인은 진정한 의미의 당사자는 아니지만 의견서를 제출하고 변론에 참여하는 등 당사자에 갈음하는 지위를 가지고 있으므로 종된 당사자라고 볼 수 있다.5)

Ⅳ. 대표자 및 대리인

1. 정부가 당사자인 경우

각종 심판절차에 있어서 정부가 당사자(참가인 포함)인 때에는 법무부장관이 이를 대표한다(법 제25조 제1항).

---

5) 헌법재판실무제요, 헌법재판소, 2008, 32면.

2. 국가기관 또는 지방자치단체가 당사자인 경우

각종 심판절차에 있어서 당사자인 국가기관 또는 지방자치단체는 변호사 또는 변호사의 자격이 있는 소속직원을 대리인으로 선임하여 심판을 수행하게 할 수 있다(법 제25조 제2항).

3. 사인이 당사자인 경우

각종 심판절차에 있어서 당사자인 사인은 변호사를 대리인으로 선임하지 아니하면 심판청구를 하거나 심판수행을 하지 못한다. 다만, 그가 변호사의 자격이 있는 때에는 그러하지 아니하다(법 제25조 제3항). 이를 변호사강제주의라고 한다. 변호사강제주의에 대해서는 국민의 재판청구권을 부당하게 제약한다는 비판[6]이 있으나 헌법재판소는 변호사강제주의를 합헌으로 보고 있다.

> 변호사강제주의는 재판업무에 분업화 원리의 도입이라는 긍정적 측면 외에도, 재판을 통한 기본권의 실질적 보장, 사법의 원활한 운영과 헌법재판의 질적 개선, 재판심리의 부담경감 및 효율화, 사법운영의 민주화 등 공공복리에 그 기여도가 크다 하겠고, 그 이익은 변호사선임 비용지출을 하지 않는 이익보다는 크다고 할 것이며, 더욱이 무자력자에 대한 국선대리인제도라는 대상조치가 별도로 마련되어 있는 이상 헌법에 위배된다고 할 수 없다(헌재결 1990. 9. 3. 89헌마120등).

---

6) 허영, 앞의 책, 137, 138면.

제4절 심판의 청구

I. 신청주의

헌법재판은 신청주의에 의한다. 위헌법률심판에서는 법원의 위헌제청이 있어야 하고, 탄핵심판, 정당해산심판, 권한쟁의심판, 헌법소원에 있어서도 당사자의 심판청구가 있어야 한다.

---

*사건부호
- 헌가: 위헌법률심판사건
- 헌나: 탄핵심판사건
- 헌다: 정당해산심판사건
- 헌라: 권한쟁의심판사건
- 헌마: 권리구제형 헌법소원심판사건
- 헌바: 위헌심사형 헌법소원심판사건
- 헌사: 각종 신청사건(국선대리인선임신청, 가처분신청, 기피신청 등)
- 헌아: 각종 특별사건(재심 등)

II. 심판청구의 방식

헌법재판소에의 심판청구는 심판사항별로 정하여진 청구서를 헌법재판소에 제출함으로써 한다. 다만, 위헌법률심판에서는 법원의 제청서, 탄핵심판에서는 국회의 소추의결서의 정본으로 청구서를 갈음한다(법 제26조 제1항). 청구서에는 필요한 증거서류 또는 참고자료를 첨부할 수 있다(법 제26조 제2항).

헌법재판의 심판청구는 청구서가 헌법재판소에 도달함으로써 효력이 발생하는 것이 원칙이다.

Ⅲ. 청구서의 송달

헌법재판소가 청구서를 접수한 때에는 지체 없이 그 등본을 피청구기관 또는 피청구인에게 송달하여야 한다(법 제27조 제1항). 위헌법률심판의 제청이 있으면 법무부장관 및 당해 소송사건의 당사자에게 그 제청서의 등본을 송달한다(법 제27조 제2항).

Ⅳ. 심판청구의 보정

1. 적법성 심사

헌법재판소에 청구서가 접수되면 사건번호와 사건명을 부여하고 주심재판관에게 사건을 배당한다. 주심재판관은 심판청구의 적법성을 심사하여 심판청구가 부적법하지만 보정할 수 있다고 인정되는 경우에는 재판장에게 보정을 요구하도록 요청하고 보정할 수 없는 경우에는 부적법 각하의 의견을 낸다.

2. 재판장의 보정요구

재판장은 심판청구가 부적법하나 보정할 수 있다고 인정하는 경우에는 상당한 기간을 정하여 보정을 요구하여야 한다(법 제28조 제1항). 재판장은 필요하다고 인정하는 경우에는 재판관 중 1명에게 보정요구를 할 수 있는 권한을 부여할 수 있다(법 제28조 제5항). 보정서면을 제출하면서 지체 없이 그 등본을 피청구기관 또는 피청구인에게 송달하여야 한다(법 제28조 제2항). 이에 의한 보정이 있는 경우에는 처음부터 적법한 심판청구가 있은 것으로 본다(법 제28조 제3항). 보정기간은 헌법재판소의 심판기간에 산입하지 아니한다(법 제28조 제4항).

Ⅴ. 답변서의 제출

청구서 또는 보정서면의 송달을 받은 피청구인은 헌법재판소에 답변서를 제출할 수 있다(법 제29조 제1항). 답변서에는 심판청구의 취지와 이유에 대응하는 답변을 적는다(법 제29조 제2항).

Ⅵ. 중복청구의 금지

헌법재판소에 계속되어 있는 사건에 대하여 당사자는 다시 심판청구를 하지 못한다(법 제40조 제1항, 민사소송법 제259조).

이 사건의 청구인들은 이미 2004. 8. 14. 공직선거법 제15조 제2항 제1호를 포함한 공직선거법 조항들의 위헌확인 여부를 다투는 헌법소원심판(2004헌마 644)을 청구한 바 있음에도, 2005. 11. 16. 청구취지의 추가적 변경을 통하여 위 조항에 대한 위헌확인을 구하는 청구를 추가하고 있는바, 후자의 청구는 헌법재판소법 제40조 제1항과 민사소송법 제259조에 따라 허용되지 아니하는 중복제소에 해당하므로 부적법하다(헌재 2007. 6. 28. 2004헌마643).

Ⅶ. 심판청구의 취하

심판청구의 취하란 청구인이 한 심판청구의 전부 또는 일부를 철회하는 헌법재판소에 대한 의사표시를 말한다. 심판청구를 취하할 수 있는지 여부 및 취하의 효과에 대해서는 각 개별심판절차에서 살펴보기로 한다.

제5절 심리

Ⅰ. 심리정족수

전원재판부는 재판관 7명 이상의 출석으로 사건을 심리한다(법 제23조 제1항).

Ⅱ. 심리의 방식

1. 구두변론과 서면심리

탄핵의 심판, 정당해산의 심판 및 권한쟁의의 심판은 구두변론에 의한다(법 제30조 제1항). 구두변론이란 당사자 등이 변론기일에 심판정에 출석하여 사실과 증거에 관한 자료를 구술로 제출하는 행위를 말한다.

위헌법률의 심판과 헌법소원에 관한 심판은 서면심리에 의하되, 재판부는 필요하다고 인정하는 경우에는 변론을 열어 당사자, 이해관계, 그 밖의 참고인의 진술을 들을 수 있다(법 제30조 제2항). 재판부가 변론을 열 때에는 기일을 정하여 당사자와 관계인을 소환하여야 한다(법 제30조 제3항).

2. 증거조사

재판부는 사건의 심리를 위하여 필요하다고 인정하는 경우에는 직권 또는 당사자의 신청에 의하여 ① 당사자 또는 증인을 신문하는 일, ② 당사자 또는 관계인이 소지하는 문서·장부·물건 또는 그 밖의 증거자료의 제출을 요구하고 영치하는 일, ③ 특별한 학식과 경험을 가진 자에게 감정을 명하는 일, ④ 필요한 물건·사람·장소 또는 그 밖의 사물의 성장 또는 상황을 검증하는 일 등의 증거조사를 할 수 있다(법 제31조 제1항). 재판장은 필요하다고 인정할 경우에는 재판관 중 1명을 지정하여 증거조사를 하게 할 수 있다(법 제

31조 제2항).

3. 자료제출요구 등

재판부는 결정으로 다른 국가기관 또는 공공단체의 기관에 대하여 심판에 필요한 사실을 조회하거나, 기록의 송부나 자료의 제출을 요구할 수 있다. 다만, 재판·소추 또는 범죄수사가 진행 중인 사건의 기록에 대하여는 송부를 요구할 수 없다(법 제32조).

제6절 평의

I. 의의

사건에 대한 심리가 종결되면 재판관회의에서 평의를 하게 된다. 평의는 공개하지 않는다(법 제34조 제1항 단서). 평의의 절차와 방법은 헌법재판소법에 구체적인 규정이 없어 헌법재판소의 실무관행을 통해 확립되어 있다.

Ⅱ. 절차

주심재판관은 관련사건의 검토보고서를 첨부한 평의요청서를 작성하여 각 재판관에게 배포한다. 배포는 상당한 기간을 두고 행해진다.

재판장은 재판관들과 협의하여 평의일정을 확정한 후 각 재판관들에게 평의일자와 평의안건 목록을 통지한다.

평의를 위한 재판관회의가 소집되면 먼저 주심재판관이 사건에 대한 검토내용을 요약발표하고 평의를 진행한 후 최종적으로 결정을 위한 표결을 하는 평결을 한다.

평결에서는 먼저 주심재판관이 의견을 내고 그다음은 후임 재판관부터 순차적으로 의견을 낸 후 재판장이 마지막으로 의견을 낸다.

Ⅲ. 평결방식

평결방식에는 쟁점별 평결방식과 주문별 평결방식이 있다. 쟁점별 평결방식이란 적법요건사항과 본안사항을 구별하여 쟁점별·단계별로 표결해서 결론을 이끌어 내는 방식이고, 주문별 평결방식이란 적법요건사항과 본안사항을 구별하지 않고 결론에 초점을 맞추어 전체적으로 표결하여 주문을 결정하는 방식을 말한다.

두 평결방식의 핵심적인 차이는 적법요건사항에 대하여 부적법 각하의견을 낸 재판관이 본안사항에 대한 판단에도 참여하는가에 있다. 쟁점별 평가방식에서는 부적법 각하의견을 낸 재판관도 본안사항에 대한 판단에도 참여하나 주문별 평가방식에서는 그 경우 본안사항에 대한 판단에 참여하지 않는다.

헌법재판소는 기본적으로 주문별 평결방식에 의하고 있다. 그리하여 적법요건사항에 대하여 부적법 각하의견을 낸 재판관은 본안사항에 대한 판단에는 참여하지 않고 있다.

Ⅳ. 의견대립의 경우 주문결정

1. 주문결정방법

평의결과 재판관들의 의견이 다양하게 나뉘어 어느 하나의 의견만으로는 결정정족수를 충족할 수 없을 때 주문을 어떻게 결정할 것인지가 문제되는데 헌법재판소법은 이에 대한 별도의 규정을 두고 있지 않다. 따라서 준용되는 민사소송법의 규정에 따라 법원조직법 제66조 제2항7)이 정하는 합의의 방법을 준용한다. 즉 신청인에게 가장 유리한 견해를 가진 재판관의 수에 순차로 그다음으로 유리한 견해를 가진 재판관의 수를 더하여 결정정족수에 이르게 된 때의 견해를 재판부의 견해로 하도록 하는 것이다. 예컨대 평의결과 재판관들의 의견이 위헌 3인, 헌법불합치 2인, 한정합헌 2인, 합헌 2인으로 나뉘지는 경우 청구인에게 가장 유리한 견해인 위헌의 견해를 가진 재판

---

7) 합의에 관한 의견이 3설 이상 분립하여 각각 과반수에 달하지 못하는 때에는 다음의 의견에 의한다.
   ① 수액에 있어서는 과반수에 달하기까지 최다액의 의견의 수에 순차 소액의 의견의 수를 더하여 그중 최소액의 의견
   ② 형사에 있어서는 과반수에 달하기까지 피고인에게 가장 불리한 의견의 수에 순차 유리한 의견의 수를 더하여 그중 가장 유리한 의견

관의 수(3인)에 순차로 유리한 견해를 가진 재판관의 수(헌법불합치 2인, 한정합헌 2인)를 더하여 결정정족수인 6인에 이르게 된 때의 견해인 한정합헌을 재판부의 견해로 한다. 판례에 의한 몇 가지 주문결정방법을 도표로 그리면 다음과 같다.

의견분포	주 문
합헌 3인, 한정합헌 5인, 위헌 1인	한정합헌
위헌 5인, 헌법불합치 2인, 합헌 2인	헌법불합치
각하 3인, 기각 3인, 인용 3인	기각
각하 4인, 인용 5인	기각
각하 4인, 위헌 1인, 헌법불합치 4인	합헌
위헌 1인, 일부위헌 1인, 적용중지헌법불합치 2인, 잠정적용헌법불합치 5인	잠정적용 헌법불합치

2. 결정문의 기재순서

평의 결과 여러 의견이 있는 경우 결정문에는 주문으로 결정된 헌법재판소의 법정의견을 먼저 쓰는 것이 원칙이다.

제7절 심판

Ⅰ. 심판의 장소 및 공개

심판의 변론은 심판정에서 행한다. 다만, 헌법재판소장이 필요하다고 인정하는 경우에는 심판정 외의 장소에서 이를 할 수 있다(법 제33조).

심판의 변론은 공개하되, 서면심리와 평의는 공개하지 아니한다. 다만 국가의 안전보장, 안녕질서 또는 선량한 풍속을 해할 염려가 있는 때에는 결정으로 변론을 공개하지 않을 수 있다(법 제34조, 법원조직법 제57조 제1항 단서).

Ⅱ. 심판의 지휘

1. 재판장의 심판지휘권

재판장은 심판정의 질서와 변론의 지휘 및 평의의 정리를 담당한다(법 제35조 제1항).

2. 재판장의 질서유지권

헌법재판소 심판정의 질서유지에 관하여는 법원조직법 제58조 내지 제61조의 규정을 준용한다(법 제35조 제2항).

심판정의 질서유지는 재판장이 행한다. 재판장은 심판정의 존엄과 질서를 해할 우려가 있는 자의 입정금지 또는 퇴정을 명하거나 기타 심판정의 질서유지에 필요한 명령을 발할 수 있다(법원조직법 제58조).

누구든지 심판정 안에서는 재판장의 허가 없이 녹화·촬영·중계 방송 등의 행위를 하지 못한다(법원조직법 제59조).

재판장은 심판정에 있어서의 질서유지를 위하여 필요하다고 인정할 때에는 개정전후를 불문하고 관할경찰서장에게 국가경찰공무원의 파견을 요구할 수 있다. 이 요구에 의하여 파견된 국가경찰공무원은 법정내외의 질서유지에 관하여 재판장의 지휘를 받는다(법원조직법 제60조).

재판부는 직권으로 법정 내외에서 재판장의 질서유지명령 또는 녹화 등의 금지에 위배하는 행위를 하거나 폭언·소란 등의 행위로 법원의 심리를 방해하거나 재판의 위신을 현저하게 훼손한 자에 대하여 결정으로 20일 이내의 감치 또는 100만 원 이하의 과태료에 처하거나 이를 병과할 수 있다(법원조직법 제61조).

3. 용어의 사용

헌법재판소 심판정의 용어 사용에 관하여는 법원조직법 제62조의 규정을 준용한다. 즉 심판정에서는 국어를 사용하고, 소송관계인이 국어에 통하지 못하는 경우에는 통역에 의한다(법원조직법 제62조).

4. 심판정 외에서 행하는 심판

심판의 공개, 재판장의 소송지휘권·질서유지권 및 심판정의 용어에 관한 규정은 재판부나 수명재판관이 심판정 외의 장소에서 직무를 행하는 경우에 이를 준용한다(법원조직법 제63조).

Ⅲ. 심판비용과 공탁금

1. 심판비용

헌법재판소의 심판비용은 국가부담으로 한다. 다만, 당사자의 신청에 의한 증거조사의 비용은 헌법재판소규칙이 정하는 바에 따라 그 신청인에게 부담시킬 수 있다(법 제37조 제1항). 실제로는 당사자에게 부담시키는 경우가 없다.

2. 공탁금

헌법재판소는 헌법소원심판의 청구인에 대하여 헌법재판소규칙으로 정하는 공탁금의 납부를 명할 수 있고(법 제37조 제2항), 나아가 ① 헌법소원의 심판청구를 각하하는 경우, ② 헌법소원의 심판청구를 기각하는 경우에 그 심판청구가 권리의 남용이라고 인정되는 경우의 어느 하나에 해당하는 경우에는 헌법재판소규칙으로 정하는 바에 따라 공탁금의 전부 또는 일부의 국고귀속을 명할 수 있다(법 제37조 제3항). 그러나 아직 공탁금제도는 시행되고 있지 않다.

Ⅳ. 심판기간

헌법재판소는 심판사건을 접수한 날로부터 180일 이내에 종국결정의 선고를 하여야 한다. 다만, 재판관의 궐위로 7명의 출석이 불가능한 경우에는 그 궐위된 기간은 심판기간에 산입하지 아니한다(법 제38조). 헌법재판소는 심판기간 규정을 훈시규정으로 해석하고 있다(헌재 2009. 7. 30. 헌마732). 그리하여 대부분의 심판사건의 경우 처리기간인 180일을 넘기고 있는 실정이다.

제8절 종국결정

Ⅰ. 결정서의 작성

재판부가 심리를 마쳤을 때에는 종국결정을 한다(법 제36조 제1항). 종국결정을 할 때에는 ① 사건번호와 사건명, ② 당사자와 심판수행자 또는 대리인의 표시, ③ 주문, ④ 이유, ⑤ 결정일을 적은 결정서를 작성하고 심판에 관여한 재판관 전원이 이에 서명·날인하여야 한다(법 제36조 제2항).

Ⅱ. 소수의견 표시의무

심판에 관여한 재판관은 결정서에 의견을 표시하여야 한다(법 제36조 제3항). 따라서 소수의견을 낸 재판관도 결정서에 그 의견을 표시할 의무를 진다.

2005. 7. 29. 개정 전 헌법재판소법은 "법률의 위헌심판, 권한쟁의 심판 및 헌법소원심판에 관하여 재판관은 결정서에 의견을 표시하여야 한다."고 규정하였는데 헌법재판소는 대통령에 대한 탄핵심판사건에서 법률의 위헌심판, 권한쟁의심판 및 헌법소원심판 외에는 재판관 개인의 개별적 의견 및 그 의견의 수를 결정문에 표시할 수 없다고 판시하였다(헌재 2004. 5. 14. 2004헌나1). 그런데 위 규정은 2005. 7. 29. 현재와 같은 내용으로 개정되어 이제는 모든 헌법재판에 있어서 소수의견을 표시하게 되었다.

Ⅲ. 종국결정의 선고

종국결정의 선고는 심판정에서 행한다. 다만, 헌법재판소장이 필요하다고 인정하는 경우에는 심판정외의 장소에서 이를 할 수 있다(법 제33조). 결정의 선고는 공개한다(법 제34조). 지정재판부의 결정이나 신청사건의 결정은 결정문을 송달하여 고지한다.

Ⅳ. 종국결정의 송달

종국결정이 선고되면 서기는 지체 없이 결정서 정본을 작성하여 당사자에게 송달하여야 한다(법 제36조 제4항).

Ⅴ. 종국결정의 공시

종국결정은 헌법재판소규칙으로 정하는 바에 따라 관보에 게재하거나 그 밖의 방법으로 공시한다(법 제36조 제5항).

Ⅵ. 종국결정의 효력

헌법재판은 국가의 재판작용의 일종이므로 일단 선고가 이루어진 이상 이를 함부로 취소하거나 변경할 수 없다. 따라서 종국결정이 선고되면 일반 재판의 경우와 마찬가지로 자기기속력, 형식적 확정력, 기판력(실질적 확정력)이 발생한다. 또한 헌법재판의 객관적 소송으로서의 특성상 모든 국가기관을 기속하는 기속력과 법규적 효력이 인정된다.

1. 자기기속력(불가변력)

종국결정이 선고되면, 종국결정을 한 헌법재판소도 이에 구속되어 스스로 종국결정을 취소, 철회 또는 변경할 수 없다. 이를 자기기속력(불가변력)이라 한다. 헌법재판소도 법적 안정성을 근거로 하여 종국결정의 자기기속력을 인정하고 있다(헌재 1989. 7. 24. 89헌마141 등 참조).

다만 결정서에 잘못된 계산이나 기재, 그 밖에 이와 비슷한 표현상의 잘못이 있고 또 그 잘못이 명백한 경우에는 헌법재판소가 직권 또는 당사자의 신청에 의해 경정결정을 할 수 있다(법 제40조, 민사소송법 제211조 제1항).

2. 형식적 확정력(불가쟁력)

헌법재판소의 결정은 선고와 동시에 확정된다. 따라서 종국결정이 선고되면 어느 누구도 더 이상 불복하여 다툴 수 없게 된다. 이러한 취소불가능성을 형식적 확정력 또는 불가쟁력이라 한다. 헌법재판소도 종국결정의 형식적 확정력을 인정하고 있다(헌재 1990. 5. 21. 90헌마78; 헌재 1996. 1. 24. 96헌아1 등 참조).

3. 기판력(실질적 확정력)

1) 의의

확정된 종국결정에 있어서 그 결정내용은 향후 당사자와 헌법재판소를 규율하는 규준으로서의 구속력을 가지며, 뒤에 동일한 사항이 문제되면 당사자는 그에 반하여 되풀이하여 다툴 수 없고 헌법재판소도 그와 모순·저촉되는 결정을 할 수 없다. 이를 기판력 내지 실질적 확정력이라고 한다.

기판력은 확정된 결정내용에 대하여 당해 심판이 아닌 뒤의 심판에서 당사자와 헌법재판소를 구속한다는 점에서 당해 심판에서 헌법재판소를 구속하는 자기기속력 및 당사자를 구속하는 형식적 확정력과 구별된다.

2) 일사부재리의 효력과의 관계

헌법재판소법은 제39조에서 "헌법재판소는 이미 심판을 거친 동일한 사건에 대하여는 다시 심판할 수 없다."고 하여 일사부재리의 원칙을 규정하고 있다. 여기서 기판력과 일사부재리의 효력을 같은 것으로 볼 것인지 여부에 대해서 학설이 대립하고 있는데 기판력의 본질을 일사부재리, 즉 반복금지의 강제로 보아 양자는 사실상 같은 것으로 보는 것이 타당하다.

3) 기판력의 범위

(1) 객관적 범위

기판력은 결정 주문에 포함된 것에 한하여 발생한다(법 제40조 제1항, 민사소송법 제216조 제1항). 이에 대하여 결정주문만으로는 소송물이 무엇인가를 알 수 없고 이유 설명을 통해 비로소 알 수 있는 경우에는 결정이유가 주문과 일체불가분의 관계에 있는 한 결정이유도 기판력을 가진다는 견해가 있다.[8]

(2) 주관적 범위

기판력은 소송절차의 당사자, 그 승계인 및 소송에 참여한 이해관계인에게 미친다(법 제40조 제1항, 민사소송법 제218조 제1항).

(3) 시적 범위

기판력은 구두변론에 의한 헌법소송의 경우 변론종결 시, 서면심리에 의한 헌법소송의 경우 심리종결 시에 있어서의 법률관계에 관하여 발생한다.

4. 기속력

1) 의의

헌법재판소법은 법률의 위헌결정(법 제47조 제1항), 권한쟁의심판

---

8) 허영, 앞의 책, 172면.

의 결정(법 제67조 제1항), 헌법소원의 인용결정(법 제75조 제1항, 제6항, 제47조 제1항)에 대하여 모든 국가기관과 지방자치단체를 기속하는 기속력을 인정하고 있다. 기속력은 헌법소송의 객관소송으로서의 특성상 인정되는 특수한 효력이다.

2) 기판력과의 구별

기판력은 헌법재판소의 모든 종국결정에 대하여 발생하고 당사자 등에게만 미치는 데 반하여 기속력은 위 세 가지 결정에 대하여만 발생하고 모든 국가기관과 지방자치단체를 구속한다.

3) 범위

(1) 객관적 범위

기속력이 법률의 위헌결정, 권한쟁의심판의 결정, 헌법소원의 인용결정의 주문에 미친다는 점에는 다툼이 없다. 그 외에 결정이유에도 기속력이 미치는지 여부에 대하여는 다음과 같이 견해가 대립하고 있다.

① 견해의 대립

㉠ 부정설: 기속력은 주문에만 미친다. 기속력을 결정이유에도 미치게 한다면 헌법재판의 한계를 일탈하고 권력분립의 원리를 침해할 뿐 아니라 중요한 이유와 중요하지 않은 이유를 구분하기가 어렵다는 점을 논거로 한다.9)

---

9) 정종섭, 앞의 책, 184, 185면.

ⓛ 긍정설: 결정주문을 직접적으로 뒷받침하고 있는 핵심적인 결정이유에도 기속력이 미친다. 만일 기속력을 주문에만 한정하여 미치게 한다면 경우에 따라서는 결정주문만으로 내용 파악이 어려운 경우 기속력은 무의미해진다는 점을 논거로 한다.[10]

② 헌법재판소의 입장: 헌법재판소는 위헌결정 이유 중 비맹제와 기준이 과잉금지원칙에 위반한다는 점에 대하여 기속력을 인정할 것인지 여부가 문제된 사건에서 이에 대하여는 신중하게 접근할 필요가 있다고 하면서 설령 결정이유에까지 기속력을 인정한다고 하더라도, 결정주문을 뒷받침하는 결정이유에 대하여 적어도 위헌결정의 정족수인 재판관 6인 이상의 찬성이 있어야 할 것이고, 이에 미달할 경우에는 결정이유에 대하여 기속력을 인정할 여지가 없다고 본다 (헌재 2008. 10. 30. 2006헌마1098).

③ 사견: 헌법재판의 한계와 권력분립의 원리에 비추어 볼 때 부정설이 타당하다. 당해 사건과 동종 또는 유사한 후속사건에 대해서 다툼이 있는 경우에는 헌법재판소가 다시 판단하면 될 것이다.[11]

(2) 주관적 범위

기속력이 있는 결정은 국가기관과 지방자치단체, 즉 공권력의 주체를 구속한다. 공권력의 주체에는 입법부, 사법부, 행정부, 지방자치단체, 기타 공공단체가 모두 포함된다. 공권력을 부여받은 공무수탁사인도 포함된다. 법률에 대한 위헌결정의 기속력이 국회의 입법행위에도 미치는가에 대하여는 기속설과 비기속설이 대립하는데 비기속설이 타당하다.

---

10) 허영, 앞의 책, 174~176면
11) 同旨; 정종섭, 앞의 책, 184, 185면.

4) 효과

기속력이 발생하면 국가기관과 지방자치단체는 헌법재판소의 결정을 존중하고 따라야 한다. 기속력을 위반한 국가기관과 지방자치단체의 행위는 중대하고 명백한 하자가 있는 행위이므로 무효라고 보아야 한다.

5. 법규적 효력

헌법재판소의 법률에 대한 위헌결정은 당사자 및 국가기관은 물론 일반인에게까지 효력을 미치는 일반적 구속력을 가진다. 이를 법규적 효력이라고 한다. 헌법재판소법은 이에 대한 직접적인 규정을 두고 있지는 않으나, 헌법재판소법 제47조 제2항에서 "위헌으로 결정된 법률 또는 법률의 조항은 그 결정이 있는 날로부터 효력을 상실한다. 다만, 형벌에 관한 법률 또는 법률의 조항은 소급하여 그 효력을 상실한다."고 규정하고 있는바, 이를 법규적 효력의 근거로 볼 수 있다. 따라서 국가기관은 물론 일반 국민도 헌법재판소가 위헌으로 결정한 법률에 구속되지 않는다.

6. 집행력

헌법재판의 결정에는 집행력이 없다. 이 점에서 집행력을 갖는 민사판결과 다르다. 다만 헌법재판소법은 제60조에서 "정당의 해산을 명하는 헌법재판소의 결정은 중앙선거관리위원회가 정당법에 따라

집행한다."고 규정하여 정당해산명령결정에 대하여는 집행력을 인정하고 있다.

제9절 재심

I. 의의

재심이란 확정된 종국결정에 재심사유에 해당하는 중대한 하자가 있는 경우에 그 결정의 취소와 이미 종결되었던 사건의 재심판을 구하는 비상의 불복절차이다. 헌법재판소의 결정이 확정되면 자기구속력, 형식적 확정력, 기판력 등이 발생하여 법적 안정성이 확보된다. 그러나 결정에 중대한 하자가 있음에도 법적 안정성만을 강조한다면 정의에 반하게 된다. 이에 법적 안정성과 정의라는 상반되는 요청을 조화롭게 만족시키기 위해 생긴 제도가 재심이다.

II. 재심의 허용 여부

헌법재판절차에서 재심이 허용되는지 여부가 문제되나 헌법재판소법은 이에 대하여 아무런 규정을 두고 있지 않아 견해가 갈린다.

1. 견해의 대립

1) 개별적 허용설

헌법재판은 그 심판의 종류에 따라 그 절차의 내용과 결정의 효과가 다르므로 재심의 허용 여부는 심판절차의 종류에 따라서 개별적으로 판단되어야 한다.

2) 일반적 허용설

헌법재판에도 헌법재판소법 제40조의 규정에 따라 헌법재판의 성질에 반하지 않는 한 민사소송법의 재심에 관한 규정을 준용해야 한다.

2. 헌법재판소의 입장

헌법재판소는 개별적 허용설을 취하고 있다. 즉 위헌심사형 헌법소원심판의 경우 재심이 그 성질상 허용되지 않는다고 본다(헌재 1992. 6. 26. 90헌아1). 반면 권리구제형 헌법소원심판의 경우 초기에는 민사소송법상의 재심사유인 판단유탈은 재심사유가 되지 않는다는 입장을 유지하였다가(헌재 1995. 1. 20. 93헌아1; 헌재 1998. 3. 26. 98헌아2), 그 후 헌법재판소의 결정에 영향을 미칠 중대한 사항에 관하여 판단을 유탈한 때를 재심사유로 허용하는 것이 헌법재판의 성질에 반한다고 볼 수는 없다는 이유로 판례를 바꿔 재심사유가 되는 것으로 인정하였다(헌재 2001. 9. 27. 2001헌아3).

3. 사견

헌법재판은 그 심판의 종류에 따라 그 절차의 내용과 결정의 효과가 다르다는 점에 비추어 개별적 허용설이 타당하다고 본다. 다만 재판부 구성이 위법한 경우에는 모든 심판절차에서 재심을 허용해야 할 것이다.

Ⅲ. 재심의 청구와 심판절차

1. 재심의 청구

재심의 청구는 종국결정의 당사자가 재심청구서를 제출함으로써 한다. 위헌법률심판제청에 관한 헌법재판소의 결정에 대해 위헌법률심판제청신청인이 재심청구를 할 수 있는지 여부에 관하여 헌법재판소는 위헌법률심판제청신청인은 당사자가 아니라는 이유를 이를 부정하였다(헌재 2004. 9. 23. 2003헌아61).

재심청구서에는 ① 재심청구인 및 대리인의 표시, ② 재심할 결정의 표시와 그 결정에 대하여 재심을 청구하는 취지, ③ 재심의 이유를 기재하여야 한다(심판규칙 제53조 제1항). 재심청구서에는 재심의 대상이 되는 결정의 사본을 붙여야 한다(심판규칙 제53조 제2항).

2. 재심의 심판절차

재심의 심판절차에는 그 성질에 어긋나지 아니하는 범위 내에서 재심 전 심판절차에 관한 규정을 준용한다(심판규칙 제52조).

Ⅳ. 재심기간

재심기간에 대하여는 민사소송법의 규정이 중용된다고 할 것이다. 따라서 재심청구는 당사자가 결정이 확정된 뒤 재심의 사유를 안 날부터 30일 이내에 하여야 한다. 그 기간은 불변기간으로 한다. 결정이 확정된 뒤 5년이 지난 때에는 재심청구를 하지 못한다. 재심의 사유가 결정이 확정된 뒤에 생긴 때에는 5년의 기간은 그 사유가 발생한 날부터 계산한다(법 제40조, 민사소송법 제456조).

제10절 가처분

Ⅰ. 의의

가처분이란 종국결정의 실효성을 확보하기 위해 종국결정 전에 재판부가 행하는 잠정적인 조치를 말한다. 헌법재판은 종국결정을 하기까지 상당한 긴 시간을 요하므로 헌법소송을 제기한 후 종국결정 전까지 사이에 다투어지는 법률관계를 그대로 방치하면 그 법률관계가 기정사실화될 수 있다. 이 경우 종국결정이 선고되더라도 그 실효성이 없어 당사자에게는 회복할 수 없는 불이익이 발생할 수 있다. 이를 방지하기 위한 제도가 가처분이다.

Ⅱ. 가처분의 허용 여부

헌법재판소법은 정당해산심판(법 제57조)과 권한쟁의심판(법 제65조)의 두 경우에만 가처분에 관한 규정을 두고 있다. 이에 위헌법률심판, 탄핵심판, 헌법소원심판의 경우에도 가처분이 허용되는지 여부가 문제가 되는데 위와 같은 심판절차에서 가처분에 관한 규정이 없는 것을 절차규정의 흠결로 보아 헌법재판소가 가지고 있는 헌법재판의 절차를 창설할 수 있는 힘에 의해 가처분을 할 수 있다고 보는 것이 타당하다.[12] 보다 구체적으로 살펴보기로 한다.

1. 권리구제형 헌법소원심판의 경우

이 경우에는 법령에 대한 헌법소원심판절차와 그 외의 헌법소원심판절차를 나누어 살펴볼 필요가 있다.

법령에 대한 헌법소원심판절차에서는 법령의 효력을 정지시키는 가처분이 허용된다. 헌법재판소도 가처분의 필요성이 있을 수 있고

---

12) 정종섭, 앞의 책, 208면.

또 이를 허용하지 아니할 상당한 이유를 찾아볼 수 없다는 이유로 가처분을 허용하고 있다(헌재 2000. 12. 8. 2000헌사471; 헌재 2002. 4. 25. 2002헌사129 등).

그러나 입법부작위에 대한 헌법소원심판이나 검사의 불기소처분에 대한 헌법소원심판의 경우는 그 성질상 가처분이 인정되지 않는다.

2. 위헌심사형 헌법소원심판의 경우

1) 견해의 대립

(1) 부정설
법원의 재판이 확정된 경우 재심에 의한 권리구제절차를 활용할 수 있으므로 가처분을 허용할 필요는 없다.

(2) 긍정설
형집행 등으로 재심에 의해 구제받을 수 없는 경우도 생기므로 가처분을 허용해야 한다.

2) 헌법재판소의 입장

헌법재판소는 위헌심사형 헌법소원심판의 경우 가처분을 허용하고 있다(헌재 2006. 2. 23. 2005헌사754).

대학교원 기간임용제 탈락자 구제를 위한 특별법 제9조 제1항(제소금지조항)에 대한 가처분을 인용한 뒤 종국결정에서 청구가 기각되었을 때 침해되는 주된 공익은 부당하게 재임용에서 탈락된 교원들이 입은 불이익이 장기간의 구제요구에도 불구하고 다시 이 사건의 본안심판청구에 대한 종국결정시까지 기다려야 한다는 점이다. 그러나 위와 같은 공익이 공공복리에 중대한 영향을 미친다고 보기 어렵고, 또한 이를 제소금지조항에 대한 가처분을 기각한 뒤 종국결정에서 청구가 인용되었을 때 신청인이 입게 되는 손해나 권리침해와 비교형량해 볼 때 신청인이 입게 되는 불이익이 더 클 것으로 보이므로, 대학교원 기간임용제 탈락자 구제를 위한 특별법(2005. 7. 13. 법률 제7583호로 제정된 것) 제9조 제1항의 효력은 헌법재판소 2005헌마1119 헌법소원심판사건의 종국결정 선고 시까지 이를 정지한다(헌재 2006. 2. 23. 2005헌사754).

3) 사견

위헌심사형 헌법소원심판의 경우 가처분을 허용하는 것이 헌법재판의 성질에 반한다고 볼 수 없다. 또한 가처분을 불허한다면 재심에 의해 구제받을 수 없는 경우가 생길 수도 있으므로 그 필요성이 인정된다. 따라서 민사소송법상의 가처분규정인 민사집행법과 행정소송법상의 집행정지에 관한 규정을 준용하여 가처분을 허용해야 할 것이다.

3. 위헌법률심판의 경우

이 경우도 법률의 효력을 정지시키는 가처분을 할 수 있다고 보아야 할 것이다. 다만 법원의 위헌제청이 있는 경우 당해 소송사건의 재판은 헌법재판소의 위헌 여부의 결정이 있을 때까지 정지되는 것이 원칙이므로(법 제42조 제1항), 그 실효성은 크지 않다.

4. 탄핵심판의 경우

탄핵소추의 의결을 받은 사람은 헌법재판소의 심판이 있을 때까지 그 권한 행사가 정지되므로(법 제50조), 탄핵소추의 의결을 받은 자의 직무집행정지를 구하는 가처분은 그 실익이 없어 허용되지 않는다. 반면 탄핵소추의 의결을 받은 자가 탄핵소추의결의 효력 정지를 구하는 가처분을 신청할 수 있는지 여부가 문제될 수 있다.

Ⅲ. 가처분의 적법요건

1. 신청권자

가처분의 신청권자는 당사자와 소송참가인이다. 이해관계인은 가처분신청권이 없다.

2. 본안심판과의 관계

본안사건이 헌법재판소의 관할에 속해야 한다. 가처분신청은 본안사건이 계속 중은 물론 계속되기 전이라도 할 수 있다. 또한 본안사건에 대한 심판청구의 적법 여부는 원칙적으로 가처분신청에 영향을 미치지 않는다. 그러나 본안사건에 대한 심판청구가 명백히 부적법한 경우에는 가처분신청도 부적법한 것이 된다.

3. 권리보호이익

신청인에게 가처분을 인정할 만한 권리보호이익이 있어야 한다. 따라서 법원에 대한 재판청구나 그 외 다른 조치로 가처분신청의 목적을 달성할 수 있는 경우에는 가처분이 허용되지 않는다.

Ⅳ. 가처분의 실체적 사유

가처분을 함에 있어서는 가처분의 사유가 있어야 하고, 긴급성과 필요성이 있어야 한다.

1. 가처분의 사유

기존의 현상을 그대로 유지함으로 인해 회복하기 어려운 피해가 발생하거나 회복이 가능하더라도 중대한 불이익을 피할 수 없는 경우여야 한다.

2. 긴급성

중대한 불이익을 방지하기 위해서는 본안결정이 내려질 때까지 기다릴 수 없고 처분의 효력정지 등 당장 적절한 조치를 취해야 할 긴급한 필요가 있어야 한다.

3. 필요성

가처분의 필요성이 있어야 한다. 필요성 판단기준으로는 독일연방 헌법재판소가 판례를 통해 확립한 이중가설이론을 들 수 있다. 이중가설이론이란 가처분의 필요성이 인정되려면 가처분을 인용한 뒤 종국결정에서 청구가 기각되었을 경우 발생하게 될 불이익과 가처분을 기각한 뒤 청구가 인용되었을 경우 발생하게 될 불이익을 비교형량하였을 때 후자의 불이익이 전자의 불이익보다 커야 한다는 이론이다. 헌법재판소도 이중가설이론에 따라 필요성 여부를 판단하고 있다.

위 가처분의 요건은 헌법소원심판에서 다투어지는 '공권력 행사 또는 불행사'의 현상을 그대로 유지시킴으로 인하여 생길 회복하기 어려운 손해를 예방할 필요가 있어야 한다는 것과 그 효력을 정지시켜야 할 긴급한 필요가 있어야 한다는 것 등이 된다. 따라서 본안심판이 부적법하거나 이유 없음이 명백하지 않는 한, 위와 같은 가처분의 요건을 갖춘 것으로 인정되면, 가처분을 인용한 뒤 종국결정에서 청구가 기각되었을 때 발생하게 될 불이익과 가처분을 기각한 뒤 청구가 인용되었을 때 발생하게 될 불이익을 비교형량하여 후자가 전자보다 큰 경우에, 가처분을 인용할 수 있다. 사법시험령 제4조 제3항이 효력을 유지하면, 신청인들은 곧 실시될 차회 사법시험에 응시할 수 없어 합격기회를 봉쇄당하는 돌이킬 수 없는 손해를 입게 되어 이를 정지시켜야 할 긴급한 필요가 인정되는 반면 효력정지로 인한 불이익은 별다른 것이 없으므로, 이 사건 가처분신청은 허용함이 상당하다(헌재 2000. 12. 8. 2000헌사471).

4. 승소가능성 여부

본안심판의 승소가능성 여부는 원칙적으로 고려하지 않는다. 그러나 본안심판이 부적법하거나 이유 없음이 명백한 경우에는 가처분을 할 수 없다(헌재 2000. 12. 8. 2000헌사471).

V. 가처분의 절차

1. 가처분의 신청

당사자는 가처분을 신청할 수 있다. 신청은 서면으로 한다(심판규칙 제50조 제1항). 가처분 신청의 경우에도 변호사에 의한 대리가 필요하다. 가처분신청은 종국결정의 선고가 있을 때까지 할 수 있다.

2. 직권에 의한 가처분

헌법재판소는 정당해산심판과 권한쟁의심판의 경우에 헌법재판소의 직권에 의한 가처분을 규정하고 있다(법 제57조, 제65조). 그러나 그 외의 심판에 대하여는 헌법재판소법에 명시적 규정이 없다. 여기서 그 외의 심판의 경우에도 직권에 의한 가처분이 허용되는지가 문제된다.

이에 대하여는 ① 직권에 의한 가처분은 처분권주의에 어긋나므로 허용될 수 없다는 부정설과 ② 헌법재판의 객관적 기능과 가처분제도의 취지에 비춰 볼 때 직권에 의한 가처분을 허용해야 한다는 긍정설이 대립하고 있다. 객관적 소송으로서의 헌법재판의 특성에 비추어 볼 때 본안사건이 계속되어 있음을 전제로 하여 직권에 의한 가처분을 긍정하는 것이 타당하다.

3. 가처분의 심판

1) 재판부

가처분심판은 헌법재판소 전원재판부에서 한다. 권리구제형 헌법소원심판에서 지정재판부는 가처분신청을 기각하거나 각하할 수는 있어도 가처분결정을 할 수는 없다.

2) 구두변론의 여부

가처분의 신속성, 잠정성에 비추어 가처분결정은 구두변론 없이도 할 수 있다고 보아야 할 것이다.

Ⅵ. 가처분 결정

1. 결정의 형식

가처분신청이 형식적 요건을 갖추지 못해 부적법한 경우에는 각하결정을 하고, 이유가 없는 때에는 기각결정을 한다. 형식적 요건을 갖추고 이유 있는 때에는 인용결정을 한다.

2. 결정의 내용

헌법재판소는 인용결정을 할 경우 가처분신청의 목적을 달성하는데 필요한 적당한 처분을 할 수 있다. 이 경우 어떤 내용과 종류의 가처분을 명할 것인가에 관하여 헌법재판소는 광범위한 권한을 가진다.

3. 인용결정의 주문 예

1) 사법시험령 제4조 제3항 효력정지 가처분신청(2000헌사471)

사법시험령 제4조 제3항 본문의 효력은 헌법재판소 2000헌마262 헌법소원심판청구사건의 종국결정 선고 시까지 이를 정지한다.

2) 효력정지가처분신청(2005헌사754)

대학교원기간임용제탈락자구제를위한특별법(2005. 7. 13. 법률 제7583호로 제정된 것) 제9조 제1항의 효력은 헌법재판소 2005헌마1119 헌법소원심판사건의 종국결정 선고 시까지 이를 정지한다.

3) 직접처분 효력정지 가처분신청(98헌사98)

피신청인이 1998. 4. 16. 경기도고시 제1998-142호로 행한 성남 도시계획시설(서현근린공원 내 골프연습장·도시계획도로)에 대한 도시계획사업시행자지정 및 실시계획인가처분 중, 동 공원구역외의 도시계획도로(등급: 소로, 류별: 3, 번호: 200, 폭원: 6m, 기능: 골프 연습장 진입도로, 연장: 21m, 면적: 149㎡, 기점 및 종점: 성남시 분당구 이매동 128의 11 일원)에 대한 도시계획사업시행자지정 및 실시계획인가처분과 그 선행절차로서 행한 도시계획입안의 효력은 헌법재판소 98헌라4 권한쟁의심판청구사건에 대한 종국결정의 선고 시까지 이를 정지한다.

4. 결정의 효력

가처분결정에도 자기기속력, 형식적 확정력, 기판력, 기속력이 발생한다. 또한 본안의 종국결정이 있을 때까지 가처분결정의 내용대로 법률관계가 형성되는 형성력이 발생한다.

Ⅶ. 가처분결정에 대한 이의

가처분결정에 대하여는 이의신청을 할 수 있다(법 제40조, 민사집행법 제301조, 제283조). 이 경우 구두변론을 거쳐 재판한다(법 제40조, 민사집행법 제286조 제1항).

제4장 위헌법률심판

제1절 총설

Ⅰ. 위헌법률심판의 의의

위헌법률심판이란 헌법재판기관이 법률의 위헌 여부를 심사하여 위헌법률의 효력을 상실시키거나 적용을 거부함으로써 헌법의 최고규 범성을 지키는 제도이다. 위헌법률심판은 미국 연방대법원의 Mabury v. Madison사건에서 기원한다.

Ⅱ. 우리나라 헌법상의 위헌법률심판제도

위헌법률심판제도는 보통 ① 재판담당기관의 성격에 따라 일반법 원형·헌법재판소형·특별기관형으로, ② 재판 종류에 따라 사전적 규범통제제도와 사후적 규범통제제도, 그리고 추상적 규범통제제도와 구체적 규범통제제도로 나눌 수 있는데, 우리나라 헌법상 위헌법률 심판은 법률이 헌법에 위반되는 여부가 재판의 전제가 된 때에는 당 해 사건을 담당하는 법원이 헌법재판소에 위헌여부의 심판을 제청하 고, 헌법재판소가 그 위헌 여부를 심사·판단하므로 헌법재판소형으 로 사후적·구체적인 규범통제를 취하고 있다. 또한 위헌으로 인정 된 법률 또는 법률조항은 당해 사건에 그 적용을 거부하는 것에 그 치는 것이 아니라 일반적으로 효력을 상실하게 된다.

Ⅲ. 위헌심사형 헌법소원

헌법재판소법은 제41조에서 위헌법률심판을 규정하고, 제68조 제2항에서 "법률의 위헌여부심판의 제청신청이 기각된 때에는 그 신청을 한 당사자는 헌법재판소에 헌법소원심판을 청구할 수 있다."고 규정하고 있는데 이 규정에 기한 헌법소원을 위헌심사형 헌법소원이라고 한다. 위헌심사형 헌법소원은 그 본질상 위헌법률심판이라고 보아야 한다.

제2절 제청권자와 제청의 요건

Ⅰ. 제청권자

헌법재판소에 위헌법률심판을 제청할 수 있는 권한을 가진 자는 법원이다. 당사자는 법원에게 위헌법률심판 제청을 신청할 수 있을 뿐 헌법재판소에 직접 위헌법률심판을 청구할 수는 없다.

1. 법원의 의미

제청권자로서의 법원은 법원조직법 및 군사법원법이 정하는 모든 종류의 법원을 말한다. 당해 사건의 재판을 담당하는 합의부와 단독

판사 그리고 수명법관이 이에 해당한다. 수소법원은 물론 집행법원, 비송사건 담당법관의 경우도 제청권이 있다. 민사조정위원회 및 가사조정위원회도 법관이 주도한다는 점에서 제청권이 있다고 보는 것이 타당하다. 그러나 각종 행정심판기관이나 민간 조정위원회는 제청권을 갖는 법원이라 볼 수 없다. 한편 제청권을 가지는 법원은 대한민국의 법원을 의미하므로 외국의 법원은 제청권이 없다.

2. 법원의 제청이 없는 경우 헌법재판소의 심사 여부

헌법재판소가 다른 사건을 심판함에 있어 법률의 위헌 여부가 그 심판의 전제가 된 경우에 직권으로 위헌 여부의 심판을 할 수 있는지 문제된다. 헌법재판소법은 제75조 제5항에서 "헌법재판소는 공권력의 행사 또는 불행사가 위헌인 법률 또는 법률의 조항에 기인한 것이라고 인정될 때에는 인용결정에서 해당 법률 또는 법률의 조항이 위헌임을 선고할 수 있다."고 규정하고 있으므로 헌법소원심판절차에서는 직권으로 위헌법률심판을 할 수 있다. 실제로 헌법재판소는 변호인접견방해사건(헌재 1992. 1. 28. 91헌마111), 미결수서신검열사건(헌재 1995. 7. 21. 92헌마144)에서 위헌결정을 한 바 있다.

그 외의 심판절차에서는 이에 관하여 아무런 규정이 없으나 그 위헌 여부의 심판을 할 수 없다고 볼 하등의 이유가 없다. 따라서 명문의 규정에 상관없이 헌법재판소는 모든 심판절차에서 심판의 전제가 된 법률의 위헌 여부를 심판할 수 있다고 보아야 한다. 구체적으로는 헌법재판소가 직권으로 위헌법률심판절차로 이행해서 심판하거나 각 심판절차에서 선결문제로 해당 법률의 위헌 여부를 함께 판단하는 방법이 있을 것이다.

3. 위헌심사형 헌법소원의 청구인

위헌법률심판 제청신청이 기각된 때에는 그 신청을 한 당사자는 헌법재판소에 헌법소원심판을 청구할 수 있는데(법 제68조 제2항) 이때 청구인은 제청권자에 갈음하는 지위를 갖는다.

Ⅱ. 제청의 요건

1. 재판의 전제

법원은 법률의 위헌 여부가 당해 소송에서 재판의 전제가 된 경우에 한하여 헌법재판소에 위헌법률심판을 제청할 수 있다. 재판의 전제성에 대하여는 별도의 항으로 살펴보기로 한다.

2. 합리적인 의심

법원은 문제된 법률이나 법률조항에 대하여 스스로의 법적 견해에 의하여 단순한 의심을 넘어선 합리적인 위헌의 의심이 있으면 제청을 한다(헌재 1993. 12. 23. 93헌가2). 따라서 법원은 해당 법률이나 법률조항이 합헌이라는 합리적인 확신을 갖지 않는 한 제청을 해야 한다.

제3절 심판의 대상

Ⅰ. 법률

1. 형식적 의미의 법률

위헌법률심판의 대상이 되는 법률은 국회가 제정한 형식적 의미의 법률을 말한다. 법규명령이나 행정규칙, 조례 등이 헌법에 위반되는 여부가 재판의 전제가 된 때에는 헌법재판소가 아니라 법원이 위헌 여부를 판단한다(헌법 제107조 제2항). 관습법 역시 심판의 대상이 되지 않고 위헌 여부가 문제될 경우에는 법원이 스스로 판단한다.

2. 유효한 법률

이때의 법률은 공포된 것이어야 하며 심판시를 기준으로 하여 현재 효력을 가지는 법률이어야 한다. 따라서 공포는 되었으나 시행되지 않은 법률 또는 이미 폐지되어 효력을 상실한 법률은 심판의 대상이 되지 않는 것이 원칙이다(헌재 1997. 9. 25. 97헌가4; 헌재 1989. 5. 24, 88헌가12 등 참조). 헌법재판소가 위헌으로 결정한 법률은 그 효력을 상실하여 폐지된 것과 마찬가지이므로 심판의 대상이 되지 않는다(헌재 1989. 9. 29. 89헌가86). 그러나 예외적으로 폐지된 법률이라도 청구인의 침해된 법익을 보호하기 위하여 그 위헌 여부가 가려져야 할 필요가 있는 경우에는 위헌심판의 대상이 될 수 있다(헌재 1989. 7. 14. 88헌가5등).

보호감호처분에 대하여는 소급입법이 금지되므로 비록 구법이 개정되어 신법이 소급적용되도록 규정되었다고 하더라도 실체적인 규정에 관한 한 오로지 구법이 합헌적이어서 유효하였고 다시 신법이 보다 더 유리하게 변경되었을 때에만 신법이 소급적용될 것이므로 폐지된 구법에 대한 위헌 여부의 문제는 신법이 소급적용될 수 있기 위한 전제문제로서 판단의 이익이 있어 위헌제청은 적법하다. 구 사회보호법 제5조 제1항은 전과나 감호처분을 선고받은 사실 등 법정의 요건에 해당되면 재범의 위험성 유무에도 불구하고 반드시 그에 정한 보호감호를 선고하여야 할 의무를 법관에게 부과하고 있으니 헌법 제12조 제1항 후문, 제37조 제2항 및 제27조 제1항에 위반된다(헌재 1989. 7. 14. 88헌가5등).

3. 입법부작위

입법부작위는 진정입법부작위와 부진정입법부작위로 나눌 수 있다. 진정입법부작위란 입법을 해야 할 의무가 있음에도 아무런 입법을 하지 아니한 경우를 말하고, 부진정입법부작위란 입법의무를 이행하기는 하였으나 불완전하게 이행한 경우를 말한다. 위헌법률심판은 법률이나 법률조항의 위헌 여부가 재판의 전제가 된 때에 가능하므로 진정입법부작위는 애당초 심판대상이 될 수 없다. 헌법재판소도 같은 입장이다(헌재 2007. 12. 27. 2005헌가9). 부진정입법부작위의 경우는 법률이 불완전하게나마 존재하므로 심판대상이 된다. 이 경우 불완전한 법률 그 자체를 대상으로 위헌제청을 해야 한다. 헌법재판소도 같은 입장이다(헌재 1996. 3. 28. 93헌바27).

4. 입법과정의 문제

헌법이 정한 입법절차를 위반하여 제정된 법률은 심판의 대상이 된다. 문제는 안건에 대한 충분한 발언기회나 토의 없이 입법이 이루어지는 등 입법을 함에 있어 실질적으로 요구되는 절차사항을 위반하여 입법이 된 경우 이를 심판대상으로 삼을 수 있는지 여부이다.

1) 견해의 대립

(1) 긍정설
입법자가 입법권을 행사함에 있어 최적의 입법을 해야 하는 의무는 헌법상 의무이므로 이를 위반하여 제정된 법률은 심판의 대상이 된다.

(2) 부정설
헌법에 정해져 있지 않은 입법절차의 당부까지 헌법재판소가 심판하는 것은 권력분립의 원칙에 위배되고 민주주의를 제약하는 것으로 헌법재판의 한계를 일탈하는 것이다.

2) 결어

권력분립의 원칙과 국회의 입법형성의 자유에 비추어 볼 때 입법과정의 세세한 내용까지도 헌법재판소가 심사하는 것은 헌법재판소의 기능에 부합하지 않으므로 원칙적으로 입법과정상의 이유를 들어

어떤 법률에 대해 위헌이라는 결정을 할 수 없다 할 것이므로[13) 부
정설이 타당하다.

5. 긴급명령 · 긴급재정경제명령

일단 적법하게 성립한 대통령의 긴급명령이나 긴급재정경제명령은
법률과 동일한 효력을 가지므로 심판의 대상이 된다.

Ⅱ. 조약

조약이 심판대상이 되는지 여부에 대하여는 견해가 대립하고 있는
바, 조약이 법률과 동일한 효력을 가지는 경우에는 심판대상이 된다
고 보는 것이 타당하다. 헌법재판소도 같은 입장이다(헌재 2001. 9.
27. 2000헌바20).

이 사건 조항{국제통화기금협정 제9조(지위, 면제 및 특권) 제3항(사법절차의
면제) 및 제8항(직원 및 피용자의 면제와 특권), 전문기구의특권과면제에관한협
약 제4절, 제19절(a)}은 각 국회의 동의를 얻어 체결된 것으로서, 헌법 제6조
제1항에 따라 국내법적, 법률적 효력을 가지는바, 가입국의 재판권 면제에 관
한 것이므로 성질상 국내에 바로 적용될 수 있는 법규범으로서 위헌법률심판의
대상이 된다(헌재 2001. 9. 27. 2000헌바20).

---

13) 정종섭, 앞의 책, 243면.

Ⅲ. 헌법규정

헌법의 개별 규정은 심판의 대상이 되지 않는다. 헌법재판소도 같은 입장이다(헌재 1995. 12. 28. 95헌바3).

헌법 제111조 제1항 제1호 및 헌법재판소법 제41조 제1항은 위헌법률심판의 대상에 관하여, 헌법 제111조 제1항 제5호 및 헌법재판소법 제68조 제2항, 제41조 제1항은 헌법소원심판의 대상에 관하여 그것이 법률임을 명문으로 규정하고 있으며, 여기서 위헌심사의 대상이 되는 법률이 국회의 의결을 거친 이른바 형식적 의미의 법률을 의미하는 것에 아무런 의문이 있을 수 없으므로, 헌법의 개별규정 자체는 헌법소원에 의한 위헌심사의 대상이 아니다. 헌법은 전문과 각 개별조항이 서로 밀접한 관련을 맺으면서 하나의 통일된 가치 체계를 이루고 있는 것으로서, 헌법의 제 규정 가운데는 헌법의 근본가치를 보다 추상적으로 선언한 것도 있고, 이를 보다 구체적으로 표현한 것도 있으므로 이념적·논리적으로는 규범 상호 간의 우열을 인정할 수 있는 것이 사실이다. 그러나 이때 인정되는 규범 상호 간의 우열은 추상적 가치규범의 구체화에 따른 것으로 헌법의 통일적 해석에 있어서는 유용할 것이지만, 그것이 헌법의 어느 특정규정이 다른 규정의 효력을 전면적으로 부인할 수 있을 정도의 개별적 헌법규정 상호 간에 효력상의 차등을 의미하는 것이라고는 볼 수 없다(헌재 1995. 12. 28. 95헌바3).

제4절 재판의 전제성

Ⅰ. 적법요건

위헌법률심판의 제청이 적법하기 위해서는 제청법원에 계속 중인 소송사건에 적용될 법률 또는 법률조항의 위헌 여부가 재판의 전제가 되어야 한다(법 제41조 제1항). 따라서 헌법재판소는 재판의 전제성을 갖추지 못한 제청신청을 각하해야 한다.

Ⅱ. 재판의 의미

이때의 재판이란 원칙적으로 모든 종류의 재판을 의미한다. 재판에 해당하는지 여부는 재판의 형식이나 절차의 형태에 따라 정해지는 것이 아니라 실질적으로 법원의 사법권 행사에 해당하는가에 따라 결정된다.14) 법원의 판결뿐만 아니라 법원의 결정·명령을 포함한다. 본안에 대한 재판뿐만 아니라 소송비용에 대한 재판 등도 포함하고 종국재판은 물론 중간재판도 포함된다. 체포·구속·압수·수색영장, 구속적부심사청구, 보석허가에 관한 재판도 포함된다. 그러나 사법행정이나 대법원규칙과 같은 사법입법은 이에 해당하지 않는다.

---

14) 정종섭, 앞의 책, 256면.

Ⅲ. 전제성의 요건

재판의 전제성이란 ① 구체적인 사건이 법원에 계속 중이어야 하고, ② 위헌 여부가 문제되는 법률 또는 법률조항이 당해 소송사건의 재판에 적용되는 것이어야 하고, ③ 법률이 헌법에 위반되는 여부에 따라 다른 내용의 재판을 하게 되는 경우를 의미한다. 이하 각 요건을 구체적으로 살펴보기로 한다.

1. 사건의 법원 계속

재판의 전제성이 인정되려면 구체적인 사건이 법원에 계속 중이어야 한다. 이는 헌법재판소에 대한 위헌심판의 제청요건인 동시에 존속요건이며, 더 나아가 헌법재판소의 결정요건이 된다. 따라서 헌법재판소의 결정전에 소 취하, 당사자의 사망 등으로 당해 소송이 종료된 경우에는 원칙적으로 재판의 전제성이 인정되지 않아 더 이상 심판할 수가 없다. 다만 예외적으로 객관적인 헌법질서의 수호·유지를 위하여 심판의 필요성이 인정되는 경우에는 심판할 수 있다. 구 형사소송법 제97조 제3항은 법원의 보석허가결정에 대하여 집행정지의 효력이 있는 검사의 즉시항고권을 인정하고 있었는데, 위헌심판제청 이후 헌법재판소에서 문제된 규정의 위헌 여부에 관한 심판을 하기 전에 항고법원이 항고기각결정을 함으로써 즉시항고사건은 종료되어 심판 당시에는 재판의 전제성이 소멸되었던 사건에서 헌법재판소는 위헌제청 당시 재판의 전제성이 인정되는 한 당해 소송이 종료되었더라도 헌법적 해명이 필요한 경우 등에는 예외적으로 그 위헌판단을 해야 한다고 하였다(헌재 1993. 12. 23. 93헌가2).

> 위헌심판제청된 법률조항에 의하여 침해된다는 기본권이 중요하여 동 법률조항
> 의 위헌 여부의 해명이 헌법적으로 중요성이 있는데도 그 해명이 없거나, 동
> 법률조항으로 인한 기본권의 침해가 반복될 위험성이 있는데도 좀처럼 그 법률
> 조항에 대한 위헌심판의 기회를 갖기 어려운 경우에는 위헌제청 당시 재판의
> 전제성이 인정되는 한 당해 소송이 종료되었더라도 예외적으로 객관적인 헌법
> 질서의 수호·유지를 위하여 심판의 필요성을 인정하여 적극적으로 그 위헌
> 여부에 대한 판단을 하는 것이 헌법재판소의 존재이유에도 부합하고 그 임무를
> 다하는 것이 된다(헌재 1993. 12. 23. 93헌가2).

또한 위헌심사형 헌법소원의 심판절차에서는 당해 법원의 재판이 정
지되지 않기 때문에 헌법재판소의 결정전에 소송이 종료되어 확정될
수 있다. 그러나 이 경우에는 위헌결정이 있게 되면 재심청구가 가능하
므로 재판의 전제성이 소멸하는 것은 아니라고 보아야 할 것이다.

또한 사건이 적법하게 계속되어 있어야 한다. 당해사건이 부적법한
것이어서 법률의 위헌 여부를 따져 볼 필요조차 없이 각하를 면할 수
없는 것일 때에는 위헌여부심판의 제청신청은 적법요건인 재판의 전
제성을 흠결한 것으로서 각하될 수밖에 없다(헌재 1992. 8. 19. 92헌
바36). 다만 당해소송이 각하될 것인지 여부가 불분명한 경우에는 재
판의 전제성을 인정할 필요가 있다(헌재 2004. 10. 28. 99헌바91).

> 금융감독위원회가 주식회사인 보험회사에 대하여 부실금융기관으로 결정하고
> 증자 및 감자를 명한 처분에 대하여 이 사건의 청구인들인 위 회사의 '주주'
> 또는 '이사' 등이 그 취소를 구하는 당해소송에서 제1심과 항소심 법원은 '주
> 주' 또는 '이사' 등이 가지는 이해관계를 행정소송법 제12조 소정의 '법률상
> 이익'으로 볼 수 없다고 하면서 소를 각하하는 판결을 선고하였다. 그러나, 당
> 해 사건에 직접 원용할 만한 확립된 대법원 판례는 아직까지 존재하지 않아 해

석에 따라서는 당해소송에서 청구인들의 원고적격이 인정될 여지도 충분히 있고, 헌법재판소가 이에 관하여 법원의 최종적인 법률해석에 앞서 불가피하게 판단할 수밖에 없는 경우에는 헌법재판소로서는 일단 청구인들이 당해 소송에서 원고적격을 가질 수 있다는 전제하에 재판의 전제성 요건을 갖춘 것으로 보고 본안에 대한 판단을 할 수 있다(헌재 2004. 10. 28. 99헌바91).

또한 재심사유가 없음에도 법원의 재심개시결정이 확정됨으로써 어떤 법률조항이 재판의 전제가 된 경우 재판의 전제성이 인정된다(헌재 2000. 1. 27. 98헌가9).

재심개시결정이 확정되면 법원으로서는 비록 재심사유가 없었다 하더라도 그 사건에 대해 다시 심판하여야 하며 이후 재심개시결정의 효력은 상소심에서도 이를 다툴 수 없다. 따라서 이 사건 법률조항의 위헌 여부가 재판의 전제가 된 이상 법원의 위헌심판제청은 적법하다 할 것이다(헌재 2000. 1. 27. 98헌가9).

2. 법률의 재판 적용

위헌 여부가 문제되는 법률 또는 법률조항이 위헌의 의심이 있다고 하더라도 당해 사건에 적용되는 것이 아니라면 재판의 전제성은 없다. 따라서 공소가 제기되지 아니한 법률조항의 위헌 여부는 당해 형사사건의 재판의 전제가 될 수 없고(헌재 1989. 9. 29. 89헌마53), 공소사실에 관하여 적용되지 아니한 법률조항의 위헌 여부 역시 당해 형사사건에 있어서 그 재판의 전제가 되었다고 할 수 없다(헌재 1997. 1. 16. 89헌마240). 심판계속 중 제청대상 법률조항이 개정되어 해당 법률조항이 더 이상 재판에 적용되지 않는 경우에는 재판의 전제성이 상실된다(헌재 2010. 12. 28. 2010헌가51). 당해 사건에 적용된 구법조항이 아니라 동일한 내용의 신법조항에 대하여 위헌여부심판을 제청한 경우 그 신법조항의 위헌 여부는 당해 사건의 재판과 관련이 없으므로 재판의 전제성이 인정되지 않는다(헌재 2001. 4. 26. 2000헌가4). 문제된 법조항이 당해 소송사건이 아닌 그 선행사건에 적용되는 경우에는 재판의 전제성이 인정되지 않는다(헌재 1993. 7. 29. 90헌바35). 법률조항이 당해 재심사건에 적용할 법률이 아닌 경우에는 재판의 전제성이 없다(헌재 1993. 11. 25. 92헌바39). 불가쟁력이 발생한 행정처분에 대하여 그 근거법규가 위헌임을 이유로 무효확인의 소를 제기한 경우 위 근거법규의 위헌 여부가 재판의 전제가 되는지 여부에 대하여 헌법재판소는 그 행정처분이 취소사유에 불과한 경우에는 법적 안정성의 견지에서 재판의 전제성이 인정되지 않지만 당연무효사유인 경우에는 그 근거법규에 대하여 일응 재판의 전제성을 인정하여 그 위헌 여부에 대하여 판단하여야 할 것이라고 하였다(헌재 1994. 6. 30. 92헌바23).

한편 제청 또는 청구된 법률조항이 법원의 당해 사건의 재판에 직접 적용되지는 않더라도 그 위헌 여부에 따라 당해 사건의 재판에 직접 적용되는 법률조항의 위헌 여부가 결정되거나, 당해재판의 결과가 좌우되는 경우(헌재 2001. 10. 25. 2000헌바5), 제청된 법률조항의 위헌 여부가 당해 사건의 재판에 직접 적용될 법률조항과 불가분적인 관계에 있는 경우(헌재 1996. 10. 31. 93헌바14) 등 양 규범 사이에 내적 관련이 있는 경우에는 간접 적용되는 법률규정에 대하여도 재판의 전제성을 인정할 수 있다.

3. 다른 내용의 재판

여기서 다른 내용이란 다음의 세 가지 경우를 말한다.

1) 재판의 결론이나 주문에 영향을 주는 경우

제청 법률조항이 헌법에 위반되는지 여부가 당해 사건에 있어 그 재판의 결론이나 주문에 아무런 영향을 미치지 못하는 경우에는 그 법률조항에 대한 위헌심판청구는 재판의 전제성을 갖추지 못한 것이다.

> 국세환급가산금의 이율을 정하고 있는 국세기본법의 법률조항이 위헌임을 전제로 국가를 상대로 제기한 손해배상청구소송에서 위 법률조항이 재판의 전제성을 갖는지 여부에 대하여, 헌법재판소가 이 사건 법률조항을 위헌으로 결정하여 당해 사건에서 위헌법률에 근거하여 행한 세무공무원의 직무집행 행위인 국세가산금 환급처분이 결과적으로 위법한 것으로 된다 하더라도, 세무공무원이 국세가산금을 청구인에게 환급해 줄 당시에는 법률을 집행하는 세무공무원으로서 법률이 헌법에 위반되는지 여부를 심사할 권한이 없고, 이 사건 법률조항에 따라 계산된 국세가산금 환급액을 지급하기만 할 뿐이어서 당해 세무공무원에게 고의 또는 과실이 있다 할 수 없으므로, 국가의 청구인에 대한 손해배상책임은 성립되지 않기 때문에, 이 사건 법률조항이 헌법에 위반되는지 여부는 당해 사건에 있어 그 재판의 결론이나 주문 또는 내용과 효력에 관한 법률적 의미에 아무런 영향을 미치지 못하므로 이 사건 법률조항에 대한 위헌심판청구는 재판의 전제성을 갖추지 못하였다고 하였다(헌재 2008. 4. 24. 2006헌바72).

한편 제청 법률조문의 위헌 여부가 현재 제청법원이 심리 중인 해당사건의 재판결과, 즉 재판의 결론이나 주문에 어떠한 영향을 준다면 그것으로써 재판의 전제성이 성립되고, 제청신청인의 권리에 어떠한 영향이 있는가 여부는 이와 무관한 문제라 할 것이다(헌재

1990. 6. 25. 89헌가98등).

우선 위 특별조치법 제7조의3의 위헌 여부는 제청신청인의 권리와는 무관하므로 위헌주장의 적격이 없어 이 사건 제청결정이 부적법하다는 취지의 본안 전의 주장에 관하여 보건대, 헌법재판소에 판단을 구하여 제청한 법률조문의 위헌 여부가 현재 제청법원이 심리중인 당해 사건의 재판결과, 즉 재판 결론인 주문에 어떠한 영향을 준다면 그것으로서 재판의 전제성이 성립되어 제청결정은 적법한 것으로 취급될 수 있는 것이고 제청신청인의 권리에 어떠한 영향이 있는가 여부는 헌법소원심판사건이 아닌 위헌법률심판사건에 있어서 그 제청결정의 적법 여부를 가리는 데 무관한 문제라 할 것이므로 위 본안 전의 주장은 더 나아가 살필 필요 없이 그 이유 없다고 하겠다(헌재 1990. 6. 25. 89헌가 98 등).

2) 재판의 결론을 이끌어 내는 이유를 달리하는 데 관련이 있는 경우

헌법재판소는 재판의 결론이나 주문이 달라지지 않는 경우에도 문제된 법률의 위헌여부에 따라 재판의 결론을 이끌어 내는 이유를 달리하는 데 관련이 있는 경우에는 재판의 전제성을 인정한다. 이에 해당하는 헌법재판소의 판례는 아직 없다.

3) 재판의 내용과 효력에 영향을 미치는 경우

헌법재판소는 재판의 결론이나 주문이 달라지지 않는 경우에도 재판의 내용이나 효력 중에 어느 하나라도 그에 관한 법률적 의미가 전혀 달라지는 경우에는 재판의 전제성을 인정한다(헌재 1992. 12. 24. 92헌가8).

이 법 제331조 본문의 규정은, "무죄, 면소, 형의 면제, 형의 선고유예, 형의 집행유예, 공소기각 또는 벌금이나 과료를 과하는 판결이 선고된 때에는 구속영장은 효력을 잃는다."라고 하고 있어 문면상으로는 종국재판으로서의 무죄 등 판결의 선고가 있으면 이에 따라 피고인의 구속이 해제되는 부수적 재판의 효력이 있음을 규정하고 있어 실질적으로는 법원이 선고하는 무죄 등의 판결에는 동시에 구속취소의 결정이 당연히 포함되어 있는 것으로 되어 있으며, 이는 결과적으로 구속의 취소에 관한 법 제93조의 특례규정으로서의 법적 기속력을 가지고 있는 것이다. 그런데 이 법 제331조 단서는 "단 검사로부터 사형, 무기 또는 10년 이상의 징역이나 금고의 형에 해당한다는 취지의 의견진술이 있는 사건에 대하여는 예외로 한다."라고 본문에 대한 예외규정을 두어 법원의 무죄 등의 판결선고에도 불구하고 구속영장의 효력이 상실되지 않는 예외를 설정함으로써 구속취소의 법적 효과를 배제하는 또 다른 이중적 특별규정을 두고 있다. 이러한 경우 법 제331조 단서규정의 위헌여부에 따라 형사판결의 주문 성립과 내용 자체가 직접 달라지는 것은 아니지만 만약 위 규정이 위헌으로 법적 효력이 상실된다면 이 법 제331조 본문의 규정이 적용되어 제청법원이 무죄 등의 판결을 선고하게 될 경우에 그 판결의 선고와 동시에 구속영장의 효력을 상실시키는 재판의 효력을 가지게 되며, 이와는 달리 이 단서 규정이 합헌으로 선언되면 검사로부터 피고인들에 대하여 징역 장기 10년의 구형이 있는 위 피고사건에 있어서 당해사건을 담당하는 법원의 판결만으로는 구속영장의 효력을 상실시키는 효력을 갖지 못하게 되는 결과로 인하여 그 재판의 효력과 관련하여 전혀 다른 효과를 가져오는 재판이 될 것이다. 따라서 법 제331조 단서규정의 위헌 여부는 제청법원이 검사로부터 장기 10년의 징역형 등에 해당한다는 취지의 의견진술이 있느냐 없느냐 여하에 따라 관련사건의 그 재판주문을 결정하고 기판력의 내용을 형성하는 그 자체에 직접 영향을 주는 것은 아니라 할지라도 그 재판의 밀접 불가결한 실질적 효력이 달라지는 구속영장의 효력에 관계되는 것이어서 재판의 내용이나 효력 중에 어느 하나라도 그에 관한 법률적 의미가 전혀 달라지는 경우에 해당하는 것이므로 재판의 전제성이 있다고 할 것이다. 따라서 제청법원의 이 사건에 대한 위헌법률심판제청은 적법하다고 아니할 수 없다(헌재 1992. 12. 24. 92헌가8).

IV. 전제성 유무의 판단

재판의 전제성 유무에 관한 판단에 있어서는 헌법재판소가 독자적인 심사를 하기 보다는 제청법원의 법률적 견해를 존중하여야 할 것이다. 이를 법원이 재판의 전제성을 인정한 경우와 부정한 경우로 나눠 살펴보기로 한다.

1. 법원이 인정한 경우

제청법원이 재판의 전제성을 인정하여 위헌여부심판을 제청한 경우에는 특별한 사정이 없는 한 헌법재판소는 재판의 전제성을 인정해야 한다. 그러나 재판의 전제와 관련된 제청법원의 법률적 견해가 유지될 수 없는 것으로 보이면 헌법재판소가 직권으로 조사하여 재판의 전제성을 부인할 수 있다(헌재 2011. 8. 30. 2009헌가10).

*재판의 전제와 관련된 제청법원의 법률적 견해가 유지될 수 없어 직권으로 재판의 전제성을 부인한 사례
민법 제1019조 제1항에서 정한 상속의 승인이나 포기는 일신전속권이기는 하나 재산상의 것으로서 당연히 상속의 대상이 되고, 민법 제1019조 제3항에서 정한 특별한정승인 역시 상속의 승인이나 포기와 그 법률적 성질을 같이한다고 할 것이다. 따라서 민법 제1019조 제3항에 의한 상속인(이하 '제1상속인'이라 한다)의 피상속인에 대한 특별한정승인권은 상속에 의하여 상속인의 상속인(이하 '제2상속인'이라 한다)에게 승계되는 것이므로, 제2상속인은 제1상속인이 피상속인의 상속채무가 상속재산을 초과하는 사실을 중대한 과실 없이 고려기간 내에 알지 못하고 그 기간 경과 후에 사망한 경우에는 피상속인의 상속에 대하여 제1상속인의 특별한정승인권을 승계하여 행사할 수 있다고 보는 것이 민법 제1019조 제3항에 대한 합당한 해석이라고 할 것이다. 그렇다면, 당해 사건에서 제2상속인인 제청신청인이 피상속인의 상속으로 발생한 상속채무에

대하여 제1상속인의 특별한정승인권을 승계하여 행사할 수 있는지 여부는 고려기간의 기산점에 관한 특칙에 불과한 민법 제1021조와는 관련 없이 민법 제1019조 제3항의 해석·적용에 의하여 해결될 문제이므로, 결국 심판대상조항인 민법 제1021조는 당해 사건에 적용되는 법률조항이 될 수 없어 재판의 전제성 요건을 갖추지 못하였으므로 이 사건 위헌여부심판제청은 부적법하다(헌재 2011. 8. 30. 2009헌가10).

2. 법원이 부정한 경우

법원이 재판의 전제성을 부정한 결과 위헌심사형 헌법소원이 제기된 경우 헌법재판소는 사건의 사실관계를 알 수가 없으므로 청구인의 주장사실을 바탕으로 재판의 전제성 인정 여부를 판단해야 한다.

문제되는 법률의 위헌여부가 재판의 전제가 되느냐 하는 재판의 전제성 판단에 있어 청구인의 주장사실이 인정되는지 여부는 사건의 기록 없이 위헌 여부 등을 판단할 수밖에 없는 헌법재판소로서는 특별한 사정이 없는 한 청구인의 주장사실이 모두 인정된다는 전제에서 판단할 수밖에 없다고 할 것이고, 청구인의 주장사실이 모두 인정된다고 할지라도 법률의 위헌 여부가 재판의 결론에 아무런 영향을 미칠 수 없는 경우에 한하여 재판의 전제성을 부인할 수 있을 뿐이라고 보아야 한다(헌재 1998. 9. 30. 98헌가7 등).

제5절 심판대상의 확정

헌법재판소는 제청된 법률 또는 법률조항에 대하여 재판의 전제성이 인정되는 경우 원칙적으로 제청된 법률 또는 법률조항만을 그 심판대상으로 해야 한다(법 제45조 본문). 그러나 예외적으로 심판대상을 축소·확장·변경할 수 있다.

Ⅰ. 심판대상의 축소

제청법원이 불필요한 부분까지 포함하여 법률조항 전부 또는 법률 전부에 대하여 심판을 청구한 경우에는 헌법재판소는 불필요한 부분은 심판대상에서 제외할 수 있다.

Ⅱ. 심판대상의 확장

헌법재판소는 제청된 법률조항의 위헌결정으로 인하여 해당 법률 전부를 시행할 수 없다고 인정될 때에는 그 전부에 대하여 위헌결정을 할 수 있다(법 제45조 단서).

법률조항 중 관련사건의 재판에서 적용되지 않는 내용이 들어 있는 경우에도 제청법원이 단일 조문 전체를 위헌제청하고 그 조문 전체가 같은 심사척도가 적용될 위헌 심사대상인 때에는 그 조문 전체가 심판대상이 된다고 할 것이며, 관세법 제182조 제2항과 같이 병렬적으로 적용대상이 규정되어 있는 경우라도 그 내용이 서로 밀접한 관련이 있어 같은 심사척도가 적용될 위헌심사 대상인 경우 그 내용을 분리하여 따로 판단하는 것이 적절하지 아니하다(헌재 1996. 11. 28. 96헌가13).

헌법심판의 대상이 된 법률조항 중 일정한 법률조항이 위헌 선언된 경우 합헌으로 남아 있는 나머지 법률조항만으로는 법적으로 독립된 의미를 가지지 못하거나, 위헌인 법률조항이 나머지 법률조항과 극히 밀접한 관계에 있어서 전체적·종합적으로 양자가 분리될 수 없는 일체를 형성하고 있는 경우, 위헌인 법률조항만을 위헌선언하게 되면 전체규정의 의미와 정당성이 상실되는 때에는 위헌으로 선언된 법률조항을 넘어서 다른 법률조항 내지 법률 전체를 위헌 선언해야 한다(헌재 1996. 12. 26. 94헌바1).

헌법심판의 대상이 된 법률조항 중 일정한 법률조항이 위헌선언된 경우 같은 법률의 그렇지 아니한 다른 법률조항들은 효력을 그대로 유지하는 것이 원칙이다. 그러나 예외적으로 합헌으로 남아 있는 나머지 법률조항만으로는 법적으로 독립된 의미를 가지지 못하거나, 위헌인 법률조항이 나머지 법률조항과 극히 밀접한 관계에 있어서 전체적·종합적으로 양자가 분리될 수 없는 일체를 형성하고 있는 경우, 위헌인 법률조항만을 위헌선언하게 되면 전체규정의 의미와 정당성이 상실되는 때에는 위헌으로 선언된 법률조항을 넘어서 다른 법률조항 내지 법률 전체를 위헌선언하여야 할 경우가 있다. 증인신문절차의 참여권 및 반대신문권을 규정하고 있는 법 제221조의2 제5항은 같은 조 제2항의 증인신문절차의 핵심적 구성부분이라고 보아야 하므로, 위 제5항을 위헌선언하는 경우에는, 위 제2항도 함께 위헌선언함이 타당하나(헌재 1996. 12. 26. 94헌바1).

헌법재판소의 심판 도중 심판대상인 법률조항이 개정되었으나 그 내용에는 변함이 없는 경우에는 그 개정 규정 역시 심판대상이 된다(헌재 2008. 7. 31. 2004헌마1010).

국회는 2007. 4. 11. 법률 제8366호로 의료법을 전부 개정하여 위 제19조의
2 제2항을 제20조 제2항에서 규정하고 있는데, 그 내용에는 변함이 없으므로
이 규정 역시 의료인의 직업수행의 자유와 태아 부모의 태아성별 정보에 대한
접근을 방해받지 않을 권리를 침해하므로 헌법에 위반된다(헌재 2008. 7. 31.
2004헌마1010).

Ⅲ. 심판대상의 변경

위헌심사형 헌법소원심판의 경우 청구인이 법률지식의 한계로 인
해 심판대상에 대해 잘못 판단하는 경우가 종종 있으므로 헌법재판
소가 제반사정을 참작하여 심판대상을 직권으로 변경할 수 있다. 그
러나 법원이 제청한 경우에도 마찬가지로 보기는 어려울 것이다.

청구인들이 이 사건 청구취지로서 위헌확인을 구하는 것은 하천법 제2조 제1
항 제2호 다목이나, 헌법재판소는 심판청구서에 기재된 청구취지에 구애됨이
없이 청구인의 주장요지를 종합적으로 판단하여야 하며, 청구인이 주장하는 침
해된 기본권과 침해의 원인이 되는 공권력을 직권으로 조사하여 피청구인과 심
판대상을 확정하여 판단하여야 하는데, 당해 사건에서의 청구인들의 청구취지
는 이 사건 토지들이 국유가 아니라 청구인들의 사유토지임을 전제로 그 소유
권확인을 구하는 것이므로 당해 사건의 재판에 보다 직접적으로 관련을 맺고
있는 법률조항은 제외지를 하천구역에 편입시키고 있는 위 하천법 제2조 제1
항 제2호 다목이라기보다 오히려 하천구역을 포함하여 하천을 국유로 한다고
규정함으로써 직접 제외지의 소유권귀속을 정하고 있는 동법 제3조라 할 것이
므로 직권으로 이 사건 심판의 대상을 위 하천법 제2조 제1항 제2호 다목에서
동법 제3조로 변경한다(헌재 1998. 3. 26. 93헌바12).

제6절 심판의 기준

I. 헌법

위헌법률심판의 기준은 헌법이다. 이때의 헌법이란 형식적 의미의 헌법전, 즉 1987. 10. 20. 공포된 대한민국헌법뿐만 아니라 헌법전에 정해져 있는 모든 명문의 내용과 그러한 명문의 내용에 의해 형성되는 원리, 원칙, 그리고 그 명문의 내용으로부터 해석을 통해 확정된 내용 모두를 의미한다.15) 헌법재판소도 헌법상의 명문규정뿐만 아니라 헌법원칙도 심사기준이 될 수 있다고 본다(헌재 2003. 12. 18. 2002헌마593).

II. 관습헌법

관습헌법도 심판기준이 된다고 할 것이다. 그러나 성문헌법을 가지고 있는 우리나라의 경우 관습헌법을 심판의 기준으로 삼는 것은 가급적 삼가야 할 것이다. 헌법재판소는 우리나라의 수도가 서울이라는 사실을 관습헌법이라고 하며 관습헌법을 심판의 기준으로 삼은 바 있다(헌재 2004. 10. 21. 2004헌마554 등).

---

15) 정종섭, 앞의 책, 317면.

우리나라는 성문헌법을 가진 나라로서 기본적으로 우리 헌법전이 헌법의 법원이 된다. 그러나 성문헌법이라고 하여도 그 속에 모든 헌법사항을 빠짐없이 완전히 규율하는 것은 불가능하고 또한 헌법은 국가의 기본법으로서 간결성과 함축성을 추구하기 때문에 형식적 헌법전에는 기재되지 아니한 사항이라도 이를 불문헌법 내지 관습헌법으로 인정할 소지가 있다. 특히 헌법제정 당시 자명하거나 전제된 사항 및 보편적 헌법원리와 같은 것은 반드시 명문의 규정을 두지 아니하는 경우도 있다. 그렇다고 해서 헌법사항에 관하여 형성되는 관행 내지 관례가 전부 관습헌법이 되는 것은 아니고 강제력이 있는 헌법규범으로서 인정되려면 엄격한 요건들이 충족되어야만 하며, 이러한 요건이 충족된 관습만이 관습헌법으로서 성문의 헌법과 동일한 법적 효력을 가진다. 관습헌법이 성립하기 위하여서는 관습이 성립하는 사항이 단지 법률로 정할 사항이 아니라 반드시 헌법에 의하여 규율되어 법률에 대하여 효력상 우위를 가져야 할 만큼 헌법적으로 중요한 기본적 사항이 되어야 한다. 일반적으로 실질적인 헌법사항이라고 함은 널리 국가의 조직에 관한 사항이나 국가기관의 권한 구성에 관한 사항 혹은 개인의 국가권력에 대한 지위를 포함하여 말하는 것이지만, 관습헌법은 이와 같은 일반적인 헌법사항에 해당하는 내용 중에서도 특히 국가의 기본적이고 핵심적인 사항으로서 법률에 의하여 규율하는 것이 적합하지 아니한 사항을 대상으로 한다. 일반적인 헌법사항 중 과연 어디까지가 이러한 기본적이고 핵심적인 헌법사항에 해당하는지 여부는 일반추상적인 기준을 설정하여 재단할 수는 없고, 개별적 문제사항에서 헌법적 원칙성과 중요성 및 헌법원리를 통하여 평가하는 구체적 판단에 의하여 확정하여야 한다.

관습헌법이 성립하기 위하여서는 관습법의 성립에서 요구되는 일반적 성립 요건이 충족되어야 한다. 첫째, 기본적 헌법사항에 관하여 어떠한 관행 내지 관례가 존재하고, 둘째, 그 관행은 국민이 그 존재를 인식하고 사라지지 않을 관행이라고 인정할 만큼 충분한 기간 동안 반복 내지 계속되어야 하며(반복·계속성), 셋째, 관행은 지속성을 가져야 하는 것으로서 그 중간에 반대되는 관행이 이루어져서는 아니 되고(항상성), 넷째, 관행은 여러 가지 해석이 가능할 정도로 모호한 것이 아닌 명확한 내용을 가진 것이어야 한다(명료성). 또한 다섯째, 이러한 관행이 헌법관습으로서 국민들의 승인 내지 확신 또는 폭넓은 컨센서스를 얻어 국민이 강제력을 가진다고 믿고 있어야 한다(국민적 합의)(헌재 2004. 10. 21. 2004헌마554 등).

제7절 제청절차

I. 제청의 유형

1. 당사자의 신청에 의한 제청

1) 당사자의 신청 및 심사

법원에 소송계속 중인 사건의 당사자는 재판의 전제가 된 법률 또는 법률조항의 위헌심판을 헌법재판소에 제청할 것을 당해 법원에게 신청할 수 있다(법 제41조 제1항).

제청신청은 당사자이면 누구나 할 수 있다. 헌법재판소는 행정소송의 피고나 그 보조참가인인 행정청도 헌법의 최고규범력에 따른 구체적 규범통제를 위하여 근거법률의 위헌 여부에 대한 심판의 제청을 신청할 수 있고, 위헌심사형 헌법소원을 제기할 수 있다고 판시하였다(헌재 2008. 4. 24. 2004헌바44).

제청신청은 ① 사건 및 당사자의 표시, ② 위헌이라고 해석되는 법률 또는 법률의 조항, ③ 위헌이라고 해석되는 이유 등을 기재한 서면에 의해야 한다(법 제41조 제2항, 법 제43조 제2호 내지 제4호).

신청서면의 심사에 관하여는 민사소송법 제254조(재판장의 소장심사권)의 규정을 준용한다(법 제41조 제3항).

2) 법원의 위헌심판제청 결정

법원은 심사결과 위헌으로 주장된 법률이나 법률조항의 위헌 여부가 재판의 전제가 되고 위헌이라는 합리적인 의심이 있는 경우에는 위헌심판제청 결정을 한다.

3) 기각결정과 헌법소원심판 청구

법원은 제청신청이 이유 없다고 판단하면 기각결정을 한다. 이에 대하여는 항고할 수 없으므로(법 제41조 제4항), 제청신청을 한 당사자는 헌법재판소에 헌법소원심판을 청구해야 한다.

2. 법원의 직권에 의한 제청

법원은 재판을 함에 있어 적용해야 할 법률이나 법률조항에 대하여 위헌의 합리적인 의심이 있는 경우에는 직권으로 위헌심판제청 결정을 한다(법 제41조 제1항).

Ⅱ. 제청방법

1. 제청서

법원이 법률의 위헌 여부를 헌법재판소에 제청할 때에는 제청서에

① 제청법원의 표시, ② 사건 및 당사자의 표시, ③ 위헌이라고 해석되는 법률 또는 법률의 조항, ④ 위헌이라고 해석되는 이유, ⑤ 기타 필요한 사항을 기재하여야 한다(법 제43조).

2. 대법원 경유

대법원 외의 법원이 위헌심판제청을 할 때에는 대법원을 거쳐야 한다(법 제41조 제5항). 이 경우 대법원은 각급 법원의 위헌법률심판제청을 심사할 권한은 없다.

Ⅲ. 제청의 효과

법원이 법률의 위헌 여부 심판을 헌법재판소에 제청한 때에는 당해 소송사건의 재판은 헌법재판소의 위헌 여부의 결정이 있을 때까지 정지된다. 다만, 법원이 긴급하다고 인정하는 경우에는 종국재판 외의 소송절차를 진행할 수 있다(법 제42조 제1항). 재판정지기간은 형사소송절차에서의 구속기간(형사소송법 제92조 제1항, 제2항 및 군사법원법 제132조 제1항, 제2항)과 민사소송절차에서의 판결 선고 기간(민사소송법 제199조)에 산입하지 아니한다(법 제42조 제2항).

Ⅳ. 제청의 철회

법원은 위헌법률심판 제청을 한 이후에는 자기구속력 때문에 임의로 철회할 수 없다. 당사자가 제청신청을 취소한 경우에도 제청을 철회하지 못한다. 그러나 위헌제청 후 헌법재판소가 다른 사건에서 당해 법률이나 법률조항을 위헌이라고 결정하거나, 혹은 그 법률이 폐지되거나, 형사재판에서 공소가 취소되거나, 민사재판 등에서 소 취하·화해 등으로 소송이 종료되어 위헌제청의 사유가 소멸한 경우에는 제청을 철회할 수 있다.

제8절 심판절차

Ⅰ. 사건의 접수

위헌제청서가 송달되면 이를 접수하고 사건번호와 사건명을 부여한다. 또한 주심재판관을 결정하여 사건을 배당한다.

Ⅱ. 위헌제청서의 송달과 의견서 제출

위헌법률심판의 제청이 있은 때에는 법무부장관 및 당해 소송사건의 당사자에게 그 제청서의 등본을 송달한다(법 제27조 제2항). 당해 소송사건의 당사자 및 법무부장관은 헌법재판소에 법률의 위헌 여부에 대한 의견서를 제출할 수 있다(법 제44조).

Ⅲ. 심리의 방식

위헌법률의 심판은 서면심리에 의한다. 다만, 재판부는 필요하다고 인정하는 경우에는 변론을 열어 당사자·이해관계인 또는 그 밖의 참고인의 진술을 들을 수 있다(법 제30조 제2항).

제9절 결정

헌법재판소의 재판형식은 결정이다. 결정 외에 판결이라는 형식으로 심판하는 경우는 없다. 위헌법률심판의 경우도 당연히 결정으로 심판한다. 결정의 유형으로는 각하결정, 합헌결정, 위헌결정, 변형결정이 있다.

Ⅰ. 각하결정

제청법률이 재판의 전제성이 없거나 헌법재판소가 이미 위헌으로 선고한 경우 등 위헌법률심판청구가 부적법한 경우에는 각하결정을 한다. 각하결정은 "이 사건 위헌여부심판제청을 각하한다." 또는 "이 사건에 대한 위헌여부심판제청을 각하한다."라는 주문형식을 취한다.

그런데 위헌심사형 헌법소원의 경우 헌법재판소가 다른 사건에서 제청 법률조항을 이미 위헌으로 선고한 경우에도 재심을 청구할 수 있게 하기 위해 각하결정이 아닌 위헌임을 확인하는 결정을 해야 한다.

청구인들이 헌법재판소법 제68조 제2항에 따라 헌법소원심판청구를 한 이 사건 법률조항은 이 사건 심판계속 중 이미 헌법재판소가 1997. 12. 24. 96헌가19 등 사건에서 위헌결정을 선고한 바가 있으므로, 이 사건 법률조항에 대하여는 위헌임을 확인하는 결정을 하기로 한다(헌재 1999. 6. 24. 96헌바67).

II. 합헌결정

합헌결정은 제청된 법률 또는 법률조항에 대한 본안심리의 결과 위헌이 아니라는 결론에 이르게 될 경우에 내리는 결정이다. 재판관 9인 중 합헌의견이 4인 이상일 경우에 한다. 합헌결정은 "……법률은 헌법에 위반되지 아니한다."라는 주문형식을 취한다.

그런데 헌법재판소는 초기에 재판관 5인이 위헌의견을 제시하고 4인이 합헌의견을 제시하여 위헌의견이 다수임에도 불구하고 위헌결정정족수 미달로 위헌선언을 할 수 없는 경우에 위헌불선언결정을 한 적이 있었다. 그러나 위헌불선언결정의 효력도 합헌결정과 마찬가지이므로 이제는 위와 같은 경우에도 위헌불선언결정 형식을 취하지 않고 합헌결정의 형식으로 하고 있다.

합헌결정에도 기속력이 미치는지 여부에 관하여 견해의 대립이 있으나 ① 기속력을 규정한 헌법재판소법 제47조 제1항이 위헌결정으로 표현하고 있는 점, ② 합헌으로 결정된 법률이 시대상황의 변화나 사정변경에 의해 위헌으로 바뀔 수도 있는 점 등을 고려하면 기속력을 부정하는 것이 타당할 것이다. 따라서 헌법재판소는 합헌결정을 내린 법률이나 법률조항에 대한 위헌 여부의 제청이 있는 경우 기속력을 이유로 배척할 것이 아니라 다시 위헌 여부를 판단해야 한다. 헌법재판소도 같은 입장이다(헌재 1993. 3. 11. 90헌가70 등).

Ⅲ. 위헌결정

1. 의의

위헌결정은 제청된 법률 또는 법률조항에 대한 본안심리의 결과 6인 이상의 재판관이 위헌의견을 낼 때 내리는 결정이다. 위헌결정은 '……법률은 헌법에 위반된다.'라는 주문형식을 취한다.

2. 위헌결정의 범위

헌법재판소의 위헌결정은 위헌심판의 대상에 대하여 이루어지는 것이 원칙이다. 그러나 다음과 같은 경우에는 예외적으로 위헌결정의 범위와 위헌심판의 대상이 불일치한다.

1) 부분위헌결정

제청된 법률 또는 법률조항 중 일부는 위헌이고 일부는 합헌인 경우 합헌인 부분에 대하여는 합헌결정을, 위헌인 부분에 대하여는 위헌결정을 하는 형식을 말한다.

> 금융기관의연체대출금에관한특별조치법 제3조 전단 중, 강제경매에 관한 부분은 헌법에 위반되고, 담보권실행을 위한 경매에 관한 부분은 헌법에 위반되지 아니한다(헌재 1998. 9. 30. 98헌가7).

2) 법률전부위헌결정

제청된 법률조항의 위헌결정으로 당해 법률 전부를 시행할 수 없다고 판단될 때에는 그 법률 전부를 위헌결정하는 형식을 말한다. 헌법재판소는 토지초과이득세법의 위헌 여부 심판(헌재 1994. 7. 29. 92헌바49 등), 반국가행위자의 처벌에 관한 특별조치법의 위헌 여부 심판(헌재 1996. 1. 25. 95헌가5)에서 해당 법률 전부에 대하여 위헌결정을 한 바 있다.

3) 부수적 위헌결정

제청된 법률조항과 기능상 불가분의 밀접한 관계가 있는 법률조항이기 때문에 제청된 법률조항이 위헌으로 결정이 되면 그 법률조항도 독립하여 존속할 의미가 없는 경우에 그 법률조항도 함께 위헌이라고 선언하는 결정 형식이다.

3. 위헌결정의 효력

1) 기속력

법률의 위헌결정은 법원 기타 국가기관 및 지방자치단체를 기속한다(법 제47조 제1항). 법률에 대한 위헌결정의 기속력이 국회의 입법행위에도 미치는가에 대하여는 기속설과 비기속설이 대립한다. 이와 관련하여 헌법재판소가 판시한 바는 없다. 국회가 헌법재판소의 위헌결정에 기속된다고 하면 입법에 있어서 강하게 지배하는 민주주의 원리를 실현하기 어렵고 헌법재판소의 오류를 시정할 기회를 갖지 못한다는 점, 국가의 입법작용은 본질적으로 국회의 입법권의 행사이지 헌법재판소가 이를 대체할 수 없다는 점 등을 고려하면 비기속설이 타당하다.16)

2) 법률의 효력 상실

위헌으로 결정된 법률 또는 법률의 조항은 그 결정이 있는 날로부터 효력을 상실한다. 다만, 형벌에 관한 법률 또는 법률의 조항은 소급하여 그 효력을 상실한다(법 제47조 제2항).

---

16) 정종섭, 앞의 책, 352, 353면.

(1) 효력 상실의 의미

위헌으로 결정된 법률 또는 법률의 조항의 효력 상실의 법적 의미
에 대하여는 다음과 같은 견해의 대립이 있다.

① 당연무효설: 위헌법률은 처음부터 당연히 효력이 없다는 견해
이다. 이 견해에 의하게 되면 헌법재판소의 위헌결정은 확인적 성질
을 갖는 것이고 법률은 소급하여 무효가 되는 것이 원칙이다.

② 폐지무효설: 위헌법률은 당연무효가 아니라 헌법재판소의 결정
에 의해 그 효력이 폐지되는 것이라는 견해이다. 이 견해에 의하게
되면 헌법재판소의 위헌결정은 형성적 성질을 갖는 것이고 소급효를
인정할지 여부는 헌법에 저촉되지 않는 범위 내에서 정책적으로 판
단해야 한다.

③ 결어: 헌법재판소의 위헌결정이 있기 전에는 법률은 입법형성
권을 가진 국가기관인 국회가 행한 입법작용의 결과로써 통용력을
지니고 있기 때문에 유효하다고 보아야 할 것이다. 따라서 법률에
대한 헌법재판소의 위헌결정은 형성적인 성질을 갖는 것이고 위헌법
률의 효력을 상실시키는 시점은 헌법의 내용에 위반되지 않는 한도
내에서 소급효, 향후효, 미래효의 방식 중에서 정책적으로 결정할 수
있다고 할 것이다.[17]

(2) 소급효

① 형벌에 관한 법률: 헌법재판소가 위헌으로 결정한 형벌에 관한
법률 또는 법률조항은 소급하여 효력을 상실한다(법 제47조 제3항).
따라서 위헌법률에 근거하여 공소가 제기되어 법원에 계속 중인 형

---

17) 정종섭, 앞의 책, 337, 338면.

사사건은 무죄를 선고해야 하고, 위헌법률에 근거한 유죄의 확정판결은 재심의 대상이 된다. 그러나 형 집행이 정지되지는 않는다. 한편 헌법재판소는 소급효가 인정되는 형사법규는 형사실체법에 한정되며 형사절차법에는 소급효가 인정되지 않는다고 본다(1992. 12. 24. 92헌가8).

> 형사소송법 제331조 단서 규정은 헌법재판소법 제47조 제2항 단서에서 소급효를 인정하는 형벌에 관한 법률조항에는 해당하지 아니하므로 이 결정 이전에 이미 이 법 제331조 단서규정의 적용을 받아 구속영장의 효력이 계속 유지되어 구속된 채로 상소심의 재판을 받아 판결이 확정된 피고사건에 대하여는 재심이 허용되지 아니한다(1992. 12. 24. 92헌가8).

② 형벌에 관한 것이 아닌 법률: 헌법재판소가 위헌으로 결정한 법률 또는 법률조항이 형벌에 관한 것이 아닐 경우에는 그 결정이 있는 날로부터 효력을 상실한다. 그러나 규범통제의 본질상 당해 사건에 대해서는 소급효를 인정할 수밖에 없고 그 밖에도 평등의 원칙상 소급효를 인정해야 할 경우가 있다. 이와 관련하여 헌법재판소는 위헌결정의 소급효는 당해 사건 및 병행사건에 대하여만 미치고 일반사건의 경우에는 소급효의 부인이 오히려 정의와 평등 등 헌법적 이념에 심히 배치되는 경우에 예외적으로 소급효를 인정하고 있는 반면, 대법원은 당해사건 및 병행사건은 물론 일반사건이 경우에도 기판력이나 확정력이 발생한 경우를 제외하고는 원칙적으로 소급효를 인정하고 있다.

효력이 다양할 수밖에 없는 위헌결정의 특수성 때문에 예외적으로 부분적인 소급효의 인정을 부인해서는 안 될 것이다. 첫째, 구체적 규범통제의 실효성의 보장의 견지에서 법원의 제청·헌법소원 청구 등을 통하여 헌법재판소에 법률의 위헌결정을 위한 계기를 부여한 당해 사건, 위헌결정이 있기 전에 이와 동종의 위헌 여부에 관하여 헌법재판소에 위헌제청을 하였거나 법원에 위헌제청신청을 한 경우의 당해 사건, 그리고 따로 위헌제청신청을 아니하였지만 당해 법률 또는 법률의 조항이 재판의 전제가 되어 법원에 계속 중인 사건에 대하여는 소급효를 인정하여야 할 것이다. 둘째, 당사자의 권리구제를 위한 구체적 타당성의 요청이 현저한 반면에 소급효를 인정하여도 법적 안정성을 침해할 우려가 없고 나아가 구법에 의하여 형성된 기득권자의 이득이 해쳐질 사안이 아닌 경우로서 소급효의 부인이 오히려 정의와 평등 등 헌법적 이념에 심히 배치되는 때에도 소급효를 인정할 수 있다(헌재 1993. 5. 13. 92헌가10).

헌법재판소의 위헌결정의 효력은, 위헌제청을 한 당해 사건, 위헌결정이 있기 전에 이와 동종의 위헌 여부에 관하여 헌법재판소에 위헌여부심판제청을 하였거나 법원에 위헌여부심판제청신청을 한 경우의 당해 사건과 따로 위헌제청신청은 아니하였지만 당해 법률 또는 법률의 조항이 재판의 전제가 되어 법원에 계속 중인 사건뿐만 아니라 위헌결정 이후에 위와 같은 이유로 제소된 일반사건에도 미치나, 위헌결정의 효력은 그 미치는 범위가 무한정일 수는 없고 법원이 위헌으로 결정된 법률 또는 법률의 조항을 적용하지는 않더라도 다른 법리에 의하여 그 소급효를 제한하는 것까지 부정되는 것은 아니라 할 것이며, 법적 안정성의 유지나 당사자의 신뢰보호를 위하여 불가피한 경우에 위헌결정의 소급효를 제한하는 것은 오히려 법치주의의 원칙상 요청되는 바라 할 것이다(대법원 1994. 10. 25. 93다42740).

(3) 헌법재판소법 제47조 제2항의 위헌 여부

헌법재판소가 위헌으로 결정한 법률 또는 법률조항이 형벌에 관한 것이 아닐 경우에 소급하여 효력을 상실하는 것으로 정하지 아니한 헌법재판소법 제47조 제2항의 위헌 여부가 문제되나 폐지무효설의 입장에서는 위헌이라 할 수 없을 것이다. 헌법재판소도 같은 입장이다.

> 헌법재판소에 의하여 위헌으로 선고된 법률 또는 법률의 조항이 제정 당시로 소급하여 효력을 상실하는가 아니면 장래에 향하여 효력을 상실하는가의 문제는 특단의 사정이 없는 한 헌법적합성의 문제라기보다는 입법자가 법적 안정성과 개인의 권리구제 등 제반이익을 비교형량하여 가면서 결정할 입법정책의 문제인 것으로 보인다. 우리의 입법자는 헌법재판소법 제47조 제2항 본문의 규정을 통하여 형벌법규를 제외하고는 법적 안정성을 더 높이 평가하는 방안을 선택하였는바, 이에 의하여 구체적 타당성이나 평등의 원칙이 완벽하게 실현되지 않는다고 하더라도 헌법상 법치주의의 원칙의 파생인 법적 안정성 내지 신뢰보호의 원칙에 의하여 정당화된다 할 것이고, 특단의 사정이 없는 한 이로써 헌법이 침해되는 것은 아니라 할 것이다(헌재 1993. 5. 13. 92헌가10).

3) 위헌법률에 근거한 행정처분의 효력

헌법재판소의 위헌결정으로 그 효력이 상실된 법률조항을 적용하여 행해진 행정처분의 효력은 어떻게 되는지가 문제된다.

(1) 견해의 대립
① 당연무효설: 헌법재판소가 위헌으로 결정한 법률은 무효이고 무효인 법률에 근거하여 행해진 행정처분은 당연히 무효이다. 따라서 행정처분의 하자를 다투는 자는 무효확인소송을 제기하면 된다.
② 취소사유설: 헌법재판소가 행정처분의 근거 법률에 대하여 위헌결정을 하더라도 당해 법률의 위헌 여부가 위헌결정 전에는 명백한 것이 아니고 법적 안정성의 견지에 비추어 볼 때 그 행정처분은 원칙적으로 취소사유에 불과하고 예외적으로 무효가 된다. 따라서 행정처분의 하자를 다투는 자는 원칙적으로 취소소송을 제기해야 한다.

(2) 헌법재판소 및 대법원의 입장

헌법재판소나 대법원은 원칙적으로 취소사유설의 입장에 있다. 한 편 헌법재판소는 무효인 법률에 근거하여 행해진 행정처분의 무효 여부는 당해 사건을 재판하는 법원이 판단할 사항이지 헌법재판소에 서 결정할 사항은 아니라는 입장이다(헌재 1998. 4. 30. 95헌마93).

행정처분의 집행이 이미 종료되었고 그것이 번복될 경우 법적 안정성을 크게 해 치게 되는 경우에는 후에 행정처분의 근거가 된 법규가 헌법재판소에서 위헌으 로 선고된다고 하더라도 그 행정처분이 당연무효가 되지는 않음이 원칙이라고 할 것이나, 행정처분 자체의 효력이 쟁송기간 경과 후에도 존속 중인 경우, 특 히 그 처분이 위헌법률에 근거하여 내려진 것이고 그 행정처분의 목적달성을 위 하여서는 후행 행정처분이 필요한데 후행 행정처분은 아직 이루어지지 않은 경 우와 같이 그 행정처분을 무효로 하더라도 법적 안정성을 크게 해치지 않는 반 면에 그 하자가 중대하여 그 구제가 필요한 경우에 대하여서는 그 예외를 인정 하여 이를 당연무효사유로 보아서 쟁송기간 경과 후에라도 무효확인을 구할 수 있는 것이라고 봐야 할 것이다(헌재 1994. 6. 30. 92헌바23).
법률에 근거하여 행정처분이 발하여진 후에 헌법재판소가 그 행정처분의 근거 가 된 법률을 위헌으로 결정하였다면 결과적으로 행정처분은 법률의 근거가 없 이 행하여진 것과 마찬가지가 되어 하자가 있는 것이 되나, 하자 있는 행정처 분이 당연무효가 되기 위하여는 그 하자가 중대할 뿐만 아니라 명백한 것이어 야 하는데, 일반적으로 법률이 헌법에 위반된다는 사정이 헌법재판소의 위헌결 정이 있기 전에는 객관적으로 명백한 것이라고 할 수는 없으므로 헌법재판소의 위헌결정 전에 행정처분의 근거되는 당해 법률이 헌법에 위반된다는 사유는 특 별한 사정이 없는 한 그 행정처분의 취소소송의 전제가 될 수 있을 뿐 당연무 효사유는 아니라고 봄이 상당하다(대법원 1994. 10. 28. 선고 92누9463).

---

(3) 결어

헌법재판소가 위헌으로 결정한 법률은 무효이므로 아무런 효력을 갖지 못한다. 따라서 무효인 법률에 근거하여 행해진 행정처분도 당 연히 무효라고 봄이 타당하다.

Ⅳ. 변형결정

1. 의의

헌법재판소법은 위헌결정의 유형으로 단순위헌결정만을 예정하고 있으나 단순위헌결정 유형만으로는 규범통제에서 나타나는 모든 문제를 포용할 수 없다는 문제점이 있다. 이에 헌법재판소는 위헌결정의 유형으로 단순위헌결정 외에 변형결정으로 한정합헌결정, 한정위헌결정, 헌법불합치결정을 인정하고 있다.

2. 인정 여부

1) 견해의 대립

① 부정설: 현행법제하에서는 변형결정을 할 수 있는 법적근거가 없을 뿐 아니라 변형결정이 위헌결정의 회피수단으로 오용될 수 있다는 점에 비추어 볼 때 변형결정은 허용될 수 없다.

② 긍정설: 국민의 대표기관인 입법부가 제정한 법률을 전면 폐기하기보다는 가급적 그 효력을 유지하는 것이 헌법상의 권력분립의 정신에 합치되고 법적 공백상태의 방지 등 변형결정을 해야 할 현실적 필요성이 있다는 점 등에 비추어 볼 때 변형결정은 허용된다고 봐야 한다.

2) 헌법재판소의 입장

위헌이냐 합헌이냐의 결정 외에 한정합헌 또는 헌법불합치 등 중간영역의 주문 형식은 헌법은 최고법규로 하는 통일적인 법질서의 형성을 위하여서 필요할 뿐 아니라 입법부가 제정한 법률을 위헌이라고 하여 전면폐기하기보다는 그 효력을 가급적 유지하는 것이 권력분립의 정신에 합치하고 민주주의적 입법기능을 최대한 존중하는 것이다(헌재 1991. 3. 11. 91헌마21).

3) 사견

권력분립의 정신 및 변형결정의 현실적 필요성 외에 헌법재판소는 법률 또는 법률조항의 전부를 위헌 선언할 권한을 지니고 있으므로(법45조), '대는 소를 포함한다.'라는 논리법칙에 의하여 법률이나 법률조항의 일부분만을 질적으로 한정하여 위헌 선언할 수도 있다는 점 등에 비추어 볼 때 변형결정은 허용된다고 해야 할 것이다.

3. 한정합헌결정

1) 의의

한정합헌결정이란 위헌법률심판의 대상이 된 법률 또는 법률조항이 다의적인 해석이 가능하여 합헌으로 해석될 수도 있고, 위헌으로도 해석될 수도 있는 경우에 그 법률조항의 의미를 헌법의 정신에 합치되도록 한정적으로 해석하여 그 법률조항의 효력을 유지시키는 결정형식이다. 한정합헌결정은 "……라고 해석하는 한, 헌법에 위반되지 아니한다."라는 주문형식을 취한다.

2) 기속력 발생 여부

한정합헌결정이 합헌결정이라면 기속력이 발생하지 않으나 위헌결정이라면 기속력이 발생할 것이다. 헌법재판소는 한정합헌은 질적인 일부위헌이므로 한정합헌결정은 기속력을 갖는다고 한다(헌재 1992. 2. 25. 89헌가104). 이에 의하면 한정합헌결정을 받은 법률 또는 법률조항을 헌법재판소가 합헌이라고 해석한 것과 다른 의미로 해석하여 적용하는 것은 헌법에 위반된다고 할 것이다.

한편 법원이 헌법재판소의 결정이 있은 후 다양한 경우의 사건을 다루면서 헌법재판소가 한정합헌으로 해석한 의미 이외에도 합헌적으로 해석할 수 있는 여지를 발견하였을 때 한정합헌결정의 기속력으로 인해 올바른 재판을 할 수 없는 경우가 생긴다는 점에서 기속력을 인정하기 어렵다는 견해가 있다.[18]

4. 한정위헌결정

1) 의의

한정위헌결정이란 위헌법률심판의 대상이 된 법률 또는 법률조항

---

18) 정종섭, 앞의 책, 365, 366면.

의 해석 중에서 특히 헌법과 조화될 수 없는 내용을 한정하여 밝힘으로써 그러한 해석의 법적용을 배제하는 결정형식을 말한다. 한정위헌결정은 "……라고 해석하는 한, 헌법에 위반된다." 또는 "……라는 범위 내에서 헌법에 위반된다."라는 주문형식을 취한다.

2) 한정합헌결정과의 관계

한정위헌결정과 한정합헌결정의 관계에 대하여 ① 양 결정은 실질적으로 동일하다고 보는 견해와 ② 양 결정은 서로 별개의 결정이라는 견해가 대립하고 있는데, 헌법재판소는 양 결정은 서로 표리관계에 있는 것이어서 실제적으로는 차이가 있는 것이 아니며 본질적으로는 다 같은 부분위헌결정이라고 하고 있다(1997. 12. 24. 96헌마172).

한정위헌결정과 한정합헌결정은 구조상 다른 것이어서 서로 바꿀 수 있는 내용의 결정유형이 아니라는 점에서 헌법재판소의 견해는 부당하다.19) 다만 양 결정은 구조상 다른 것이라고 하더라도 그 구별기준이 분명하지 않으므로 어느 경우에 어떤 결정을 선택해야 할지 판단하기가 어렵다는 점은 부인할 수 없다.

3) 기속력의 인정 여부

(1) 대법원의 입장

한정위헌결정은 위헌결정이 아니라 법률의 의미 · 내용과 그 적용

---

19) 허영, 앞의 책, 243면.

범위에 대한 헌법재판소의 견해에 불과하므로 법원에 대하여 기속력이 없다.

헌법재판소의 결정이 주문에서 헌법소원의 대상인 법률이나 법률조항의 전부 또는 일부에 대하여 위헌결정을 선고함으로써 그 효력을 상실시켜 법률이나 법률조항의 전부 또는 일부가 폐지되는 것과 같은 결과를 가져오는 것이 아니라, 그에 대하여 특정의 해석기준을 제시하면서 그러한 해석에 한하여 위헌임을 선언하는 이른바 한정위헌결정의 경우에는 헌법재판소의 결정에 불구하고 법률이나 법률조항은 그 문언이 전혀 달라지지 않은 채 효력을 상실하지 않고 존속하게 되므로, 이러한 한정위헌결정은 유효하게 존속하는 법률이나 법률조항의 의미·내용과 그 적용 범위에 관한 해석기준을 제시하는 법률해석이라고 이해하지 않을 수 없다. 그런데 구체적 분쟁사건의 재판에 즈음하여 법률 또는 법률조항의 의미·내용과 적용 범위가 어떠한 것인지를 정하는 권한, 곧 법령의 해석·적용 권한은 사법권의 본질적 내용을 이루는 것이고, 법률이 헌법규범과 조화되도록 해석하는 것은 법령의 해석·적용상 대원칙이므로, 합헌적 법률해석을 포함하는 법령의 해석·적용 권한은 대법원을 최고법원으로 하는 법원에 전속하는 것이며, 이러한 법원의 권한에 대하여 다른 국가기관이 법률의 해석기준을 제시하여 법원으로 하여금 그에 따라 당해 법률을 구체적 분쟁사건에 적용하도록 하는 등의 간섭을 하는 것은 우리 헌법에 규정된 국가권력 분립구조의 기본원리와 사법권 독립의 원칙상 허용될 수 없으므로, 법률의 해석기준을 제시하는 헌법재판소의 한정위헌결정은 법원에 전속되어 있는 법령의 해석·적용 권한에 대하여 기속력을 가질 수 없으며, 헌법재판소법에서 헌법재판소로 하여금 제청된 법률 또는 법률조항의 위헌 여부만을 결정하도록 하고(제45조), 법률이 위헌결정에 기속력을 부여하면서(제47조 제1항) 위헌으로 결정된 법률 또는 법률조항은 효력을 상실하도록 규정하고 있으므로(제47조 제2항), 법률 또는 법률조항 자체의 효력을 상실시키는 위헌결정은 기속력이 있지만, 한정위헌결정과 같은 해석기준을 제시하는 형태의 헌법재판소 결정은 기속력을 인정할 근거가 없다(대법원 2001. 4. 27. 선고 95재다14 판결).

(2) 헌법재판소의 입장

법률에 대한 위헌결정에는 단순위헌결정 뿐만 아니라 한정합헌·한정위헌결정과 헌법불합치결정 등 변형결정이 모두 포함되고 이들은 모두 당연히 기속력을 갖는다고 한다.

헌법재판소의 법률에 대한 위헌결정에는 단순위헌결정은 물론, 한정합헌, 한정위헌결정과 헌법불합치결정도 포함되고 이들은 모두 당연히 기속력을 가진다. 물론 구체적 사건에서의 법률의 해석·적용권한은 사법권의 본질적 내용을 이루는 것임이 분명하다. 그러나 법률에 대한 위헌심사는 당연히 당해 법률 또는 법률조항에 대한 해석이 전제되는 것이고, 헌법재판소의 한정위헌의 결정은 단순히 법률을 구체적인 사실관계에 적용함에 있어서 그 법률의 의미와 내용을 밝히는 것이 아니라 법률에 대한 위헌성심사의 결과로서 법률조항이 특정의 적용영역에서 제외되는 부분은 위헌이라는 것을 뜻한다. 따라서 헌법재판소의 한정위헌결정은 결코 법률의 해석에 대한 헌법재판소의 단순한 견해가 아니라, 헌법에 정한 권한에 속하는 법률에 대한 위헌심사의 한 유형인 것이다(헌재 1997. 12. 24. 96헌마172).

(3) 사견

'대는 소를 포함한다.'라는 논리법칙에 따라 법률에 대한 위헌결정에는 단순위헌결정은 물론 한정위헌결정도 포함된다고 보아야 하므로 한정위헌결정은 당연히 기속력을 갖는다. 따라서 법원을 비롯한 모든 국가기관은 법률 또는 법률조항을 한정위헌결정의 내용대로 해석·적용해야 한다.

5. 헌법불합치결정

1) 의의

헌법불합치결정은 위헌법률심판의 대상이 된 법률 또는 법률조항의 위헌성을 인정하면서도 단순위헌결정으로 초래될 수 있는 법적 공백상태로 인한 혼란을 방지하기 위해 일정기간 동안 당해 법률 또는 법률조항의 효력을 잠정적으로 유지시키는 결정형식이다. 헌법불합치결정은 "……은 헌법에 합치되지 아니한다. 위 법률조항은 ……을 시한으로 입법자가 개정할 때까지 효력을 유지한다." 또는 "……은 헌법에 합치되지 아니한다. 위 법률조항은 ……까지 효력을 유지한다. 법원 기타 국가기관 및 지방자치단체는 입법자가 개정할 때까지 위 법률조항의 적용을 중지하여야 한다."는 주문형식을 취한다.

2) 입법개선촉구결정

헌법불합치결정 시 입법부에게 일정한 유예기간을 주고 법률의 내용을 합헌적으로 보완하도록 명하는 입법개선촉구가 동시에 행하여지는 경우가 많다. 그러나 이는 헌법재판소의 의견에 불과하므로 국회가 이에 기속되지는 않는다.

3) 기속력

헌법재판소는 물론 대법원도 헌법불합치결정의 기속력을 인정하고 있다. 헌법불합치결정도 위헌결정인 이상 그 기속력이 인정되어 법원 또는 그 밖의 국가기관 및 지방자치단체를 기속한다고 보아야 한다.

'1. 국회의원선거법 제33조 및 제34조는 헌법에 합치되지 아니한다. 2. 위 법률 조항은 1991년 5월 말을 시한으로 입법자가 개정할 때까지 그 효력을 지속한다.'라고 한 헌법재판소의 결정은 헌법재판소법 제45조 본문 및 같은 법 제47조 제1항 소정의 위헌결정임이 틀림없고, 이는 다만 같은 법 제47조 제2항 본문의 예외로써 위헌결정으로 인한 법률조항의 효력상실시기만을 일정기간 뒤로 미루고 있음에 지나지 아니한다(대법원 1991. 6. 11. 90다5450).

    따라서 헌법재판소가 헌법불합치결정을 하는 경우, 위헌적 법률은
형식적으로는 존속하게 되나, 원칙적으로 그 적용이 금지되고, 헌법
심판의 계기를 부여한 당해사건은 물론 심판대상 법률이 적용되어
법원에 계속 중인 모든 사건의 재판절차가 정지된다. 그러나 헌법재
판소가 위헌법률을 잠정적으로 적용하는 위헌적인 상태가 오히려 위
헌결정으로 인하여 초래되는 법적 공백 또는 혼란이라는 합헌적인
상태보다 예외적으로 헌법적으로 더욱 바람직하다고 판단하여 위헌
법률의 잠정적인 적용을 명하는 헌법불합치결정을 한 경우에는 법원
은 그에 따라 재판을 진행한다.

제5장 탄핵심판

I. 총설

1. 탄핵심판제도의 의의

탄핵심판제도란 일반사법절차에 의해서는 책임을 추궁하기가 곤란한 고위직공직자들이 헌법과 법률을 침해하는 경우에 이들을 소추하여 법적인 책임을 추궁함으로써 헌법을 보호하는 헌법재판제도를 말한다. 현행헌법은 탄핵의 소추기관과 심판기관을 분리하여 국회를 탄핵소추기관으로, 헌법재판소를 탄핵심판기관으로 하고 있다.

2. 탄핵심판제도의 연혁

탄핵심판제도는 1948년 제헌헌법에서 도입된 이래 계속 존속되어 온 제도이다. 제1공화국 때는 탄핵심판소를, 제3공화국 때는 탄핵심판위원회를 각각 별도로 설치하여 탄핵심판을 담당하게 했으나 제4공화국, 제5공화국에서는 헌법위원회에서, 제2공화국, 현행 헌법에서는 헌법재판소에서 탄핵심판을 담당하게 하였다.

우리 헌정사상 탄핵소추는 9건이 발의되었는데 그중 2004. 3. 노무현 대통령에 대하여 발의된 1건에 대하여 탄핵소추가 의결되어 탄핵심판이 이루어졌다.

Ⅱ. 탄핵의 대상과 사유

1. 탄핵의 대상

탄핵이 대상이 되는 공직자는 ① 대통령, 국무총리, 국무위원 및 행정각부의 장, ② 헌법재판소재판관, 법관 및 중앙선거관리위원회 위원, ③ 감사원장 및 감사위원, ④ 기타 법률이 정한 공무원이다(헌법 제65조 제1항, 법 제48조) 기타 법률이 정한 공무원에는 검사(검찰청법 제37조)와 경찰청장(경찰법 제11조 제6항), 방송통신위원회 위원장(방송통신위원회의설치및운영에관한법률 제6조 제5항)이 있다. 탄핵의 대상이 되는 공직자의 권한대행자 역시 탄핵의 대상이 된다.

한편 국회의원은 탄핵의 대상이 아니다. 국회는 탄핵소추권이 있으므로 국회의원에 대한 탄핵은 자기가 자기를 탄핵하는 모순에 빠지기 때문이다. 그렇다면 헌법재판소 재판관도 자기모순에 빠지지 않기 위해 탄핵대상에서 제외시키는 것이 타당하다.

2. 탄핵의 사유

탄핵사유는 탄핵대상 공직자가 그 직무집행에 있어서 헌법이나 법률을 위배한 때이다(헌법 제65조 제1항, 법 제48조).

1) 직무집행 관련성

여기서 직무란 법제상 소관 직무에 속하는 고유 업무 및 통념상

이와 관련된 업무를 말한다. 따라서 직무상의 행위란, 법령·조례 또는 행정관행·관례에 의하여 그 지위의 성질상 필요로 하거나 수반되는 모든 행위나 활동을 의미한다(헌재 2004. 5. 14. 2004헌나1). 한편 직무집행과 관련되어야 하므로 직무집행과 관련이 없는 사생활에 관한 사항, 취임전이나 퇴직 후의 행위는 탄핵소추의 사유가 되지 아니한다.

현직에서의 위법행위뿐만 아니라 전직에서의 위법행위까지도 탄핵사유가 될 수 있는가에 대하여 견해가 대립되나 전직의 경우까지 직무집행 관련성을 인정하는 것은 논리적으로 무리이므로 부정설이 타당하다. 다만 탄핵소추절차가 개시된 이후에 탄핵소추를 면탈하기 위하여 임명권자가 그 자를 전직시킬 경우에는 현직 중의 행위로 보아야 할 것이다.

2) 헌법과 법률 위배

여기서 '헌법'에는 명문의 헌법규정뿐만 아니라 헌법재판소의 결성에 의하여 형성되어 확립된 불문헌법노 쏘함뇌고, '법률'이란 국회가 제정한 형식적 의미의 법률 및 그와 등등한 효력을 가지는 국제조약, 일반적으로 승인된 국제법규 등을 의미한다(헌재 2004. 5. 14. 2004헌나1). 탄핵사유는 헌법이나 법률을 위배한 때이어야 하므로 정책결정상의 과오나 직무집행과 관련된 부도덕, 정치적 무능 등은 탄핵사유가 되지 않는다.

3) 위법성

위법이란 헌법위반이나 법률위반의 행위를 말한다. 위법행위에는 고의나 과실에 의한 경우뿐만 아니라 법의 무지로 인한 경우도 포함한다. 이때의 위법이란 모든 법위반의 경우가 아니라, 공직자의 파면을 정당화할 정도로 중대한 법위반의 경우를 말하는데 그 여부는 법위반이 어느 정도로 헌법질서에 부정적 영향이나 해악을 미치는지의 관점과 피청구인을 파면하는 경우 초래되는 효과를 서로 형량하여 결정해야 한다. 대통령을 제외한 다른 공직자의 경우에는 파면결정으로 인한 효과가 일반적으로 적기 때문에 상대적으로 경미한 법위반행위에 의해서도 파면이 정당화될 가능성이 큰 반면, 대통령의 경우에는 파면결정의 효과가 지대하기 때문에 파면결정을 하기 위해서는 이를 압도할 수 있는 중대한 법위반이 존재해야 한다(헌재 2004. 5. 14. 2004헌나1).

Ⅲ. 탄핵의 소추

1. 탄핵소추의 발의

탄핵소추는 국회재적의원 3분의 1 이상의 발의가 있어야 한다. 다만, 대통령에 대한 탄핵소추는 국회재적의원 과반수의 발의가 있어야 한다(헌법 제65조 제2항). 탄핵소추의 발의에는 피소추자의 성명·직위와 탄핵소추의 사유·증거 기타 조사 상 참고가 될 만한 자료를 제시하여야 한다(국회법 제130조 제3항). 탄핵소추의 발의가 있은 때에는 의장은 발의된 후 처음 개의하는 본회의에 보고하고, 본회의는 의결로 법제사법위원회에 회부하여 조사하게 할 수 있다(국회법 제130조 제1항). 법제사법위원회가 탄핵소추의 발의를 회부 받았을 때에는 지체 없이 조사·보고하여야 한다(국회법 제131조 제1항). 이 경우 조사에 있어서는 국정감사 및 조사에 관한 법률이 규정하는 조사의 방법 및 조사상의 주의의무규정을 준용한다(국회법 제131조 제2항). 조사를 받는 국가기관은 그 조사를 신속히 완료시키기 위하여 충분한 협조를 하여야 한다(국회법 제132조).

2. 탄핵소추의 의결

탄핵소추의 의결은 국회재적의원 과반수의 찬성이 있어야 한다. 다만, 대통령에 대한 탄핵소추는 국회재적의원 3분의 2 이상의 찬성이 있어야 한다(헌법 제65조 제2항). 본회의가 법제사법위원회에 회부하기로 의결하지 아니한 때에는 본회의에 보고된 때로부터 24시간 이후 72시간 이내에 탄핵소추의 여부를 무기명투표로 표결한다. 이 기간 내에 표결하지 아니한 때에는 그 탄핵소추안은 폐기된 것으로 본다(국회법 제130조 제2항). 본회의의 탄핵소추의 의결은 소추의결서(피소추자의 성명·직위 및 탄핵소추의 사유를 표시한 문서)로 하여야 한다(국회법 제133조). 탄핵소추의 의결이 있은 때에는 의장은 지체 없이 소추의결서의 정본을 법제사법위원장인 소추위원에게, 그 등본을 헌법재판소·피소추자와 그 소속기관의 장에게 송달한다(법 제134조 제1항).

3. 탄핵소추의 효과

탄핵소추가 의결되어 소추의결서가 피소추자에게 송달된 때에는 피소추자의 권한행사는 헌법재판소의 탄핵심판이 있을 때까지 정지된다(헌법 제65조 제3항, 국회법 제134조 제2항, 법 제50조). 피소추자의 권한행사가 정지되면 임명권자는 피소추자의 사직원을 접수하거나 해임할 수 없다(국회법 제134조 제2항). 그러나 피소추자를 파면할 수는 있다.

Ⅳ. 탄핵심판

1. 탄핵심판의 개시

탄핵심판에 있어서는 국회법제사법위원회의 위원장이 소추위원이 된다(법 제49조 제1항). 소추위원이 헌법재판소에 소추의결서의 정본을 제출하여 탄핵심판을 청구하면 탄핵심판이 개시된다(법 제49조 제2항).

2. 탄핵심판의 요건

1) 적법 요건

헌법재판소가 탄핵심판을 하기 위해서는 탄핵소추가 적법해야 한다. 즉 ① 국회의 탄핵소추의 의결이 적법해야 하고, ② 소추위원이 탄핵심판 청구를 해야 하며, ③ 소추의결서의 정본이 제출되어야 한다. 한편 국회는 국민의 대표기관이자 입법기관으로서 의사와 내부 규율 등 국회운영에 관하여 폭넓은 자율권을 가지므로 국회의 의사나 입법절차에 헌법이나 법률의 규정을 명백히 위반한 하자가 있는 경우에 한하여 부적법 각하를 해야 할 것이다.

2) 실체적 요건

탄핵심판청구가 이유 있어야 한다(법 제53조 제1항). 즉 탄핵대상 공직자가 그 직무집행에 있어서 헌법이나 법률을 위배해야 한다.

3. 탄핵심판의 절차

1) 구두변론 및 증거조사

(1) 구두변론

탄핵의 심판은 구두변론에 의한다(법 제30조 제1항). 탄핵심판의 청구인은 소추위원이고 피청구인은 피소추자이다. 재판부가 변론을 열 때에는 기일을 정하고 당사자와 관계인을 소환하여야 한다(법 제30조 제3항). 당사자가 변론기일에 출석하지 아니한 때에는 다시 기일을 정하여야 한다(법 제52조 제1항). 다시 정한 기일에도 당사자가 출석하지 아니한 때에는 그의 출석 없이 심리할 수 있다(법 제52조 제2항). 소추위원은 변론기일에 피청구인을 신문할 수 있다(법 제49조 제2항).

(2) 증거조사

재판부는 사건의 심리를 위하여 필요하다고 인정하는 경우에는 당사자의 신청 또는 직권에 의하여 증거조사를 할 수 있고(법 제31조), 결정으로 자료제출요구 등을 할 수 있다(법 제32조).

2) 심판절차의 정지

피청구인에 대한 탄핵심판 청구와 동일한 사유로 형사소송이 진행되고 있는 경우에는 재판부는 심판절차를 정지할 수 있다(법 제52조).

3) 민사소송 및 형사소송에 관한 규정 준용

탄핵심판절차에 관하여는 헌법재판소법에 특별한 규정이 있는 경우를 제외하고는 헌법재판의 성질에 반하지 아니하는 한도 내에서 민사소송에 관한 법령 또는 형사소송에 관한 법령을 함께 준용하는데 이 경우 형사소송에 관한 법령이 민사소송에 관한 법령과 저촉될 때에는 민사소송에 관한 법령은 준용하지 아니한다(법 제40조 제1항, 제2항).

4) 청구의 취하

탄핵심판청구의 취하 여부는 국회가 결정할 사항이다. 따라서 소추위원은 독자적으로 청구를 취하할 수 없다. 탄핵심판청구의 취하는 국회의 탄핵소추 의결 취하를 전제로 하는바 이는 국회의 재의결에 해당하므로 그 의결정족수는 탄핵소추의 의결정족수와 동일하다.[20]

4. 탄핵심판의 결정

1) 결정의 유형

탄핵결정에는 각하결정, 기각결정, 탄핵결정의 세 가지 유형이 있다.

(1) 각하결정
탄핵소추가 부적법한 경우에 내리는 결정이다.

(2) 기각결정
탄핵심판청구가 이유 없을 때에 내리는 결정이다. 피청구인이 결정 선고 전에 해당 공직에서 파면되었을 때에도 기각결정을 한다(법 제53조 제2항).

(3) 탄핵결정
헌법재판소는 탄핵심판청구가 이유 있을 때에는 재판관 6인 이상의 찬성으로 피청구인을 당해 공직에서 파면하는 결정을 선고한다(헌법 제113조 제1항, 법 제23조 제2항 제1호, 법 제53조 제1항). 탄핵은 "……를 …… 직에서 파면한다."라는 주문형식을 취한다.

---

20) 정종섭, 앞의 책, 427면.

2) 탄핵결정의 효과

(1) 일반적 효과

탄핵결정은 공직자를 공직으로부터 파면함에 그친다. 그러나 탄핵결정은 피청구인의 민사상 또는 형사상의 책임을 면제하지 아니한다 (법 제54조 제1항).

(2) 일정기간의 공직취임의 금지

탄핵결정에 의하여 파면된 자는 결정 선고가 있은 날로부터 5년을 경과하지 아니하면 공무원이 될 수 없다(법 제54조 제2항). 이에 대하여는 위헌설과 합헌설이 대립하고 있는데 탄핵결정에 의하여 파면된 자가 즉시 공무원에 재임용될 수 있다면 탄핵결정은 그 실효성을 상실하게 될 것이다. 따라서 합헌설이 타당하다고 본다.

(3) 사면 여부

탄핵결정을 받은 자에 대하여 대통령의 사면이 가능한가가 문제된다. 사면이 가능하다면 탄핵결정은 대통령의 사면으로 유명무실하게 될 것이므로 사면이 인정되지 않는다고 보아야 한다.

제6장 위헌정당해산심판

제1절 총설

I. 정당해산심판제도의 의의

정당해산심판제도는 정당의 목적이나 활동이 헌법에 위반될 때 헌법재판소의 재판에 의해 그 정당이 해산되는 제도를 말한다. 헌법 제8조 제4항은 "정당의 목적이나 활동이 민주적 기본질서에 위배될 때에는 정부는 헌법재판소에 그 해산을 제소할 수 있고, 정당은 헌법재판소의 심판에 의하여 해산된다."고 규정하고 있고, 헌법 제111조 제1항 제3호는 헌법재판소가 정당의 해산심판을 관장하는 것으로 규정하였다.

정당해산심판제도는 헌법재판 이외의 방법으로 정당을 해산하는 것을 금지함으로써 정당의 존속을 두텁게 보호하는 동시에 정당의 헌법파괴적인 반민주적 정치활동으로부터 헌법을 수호하려는 헌법보장제도이다.

II. 정당해산심판제도의 연혁

제헌헌법 당시에는 정당해산심판제도가 없었고, 제2공화국 헌법에서 처음으로 정당해산심판제도가 규정되었는데 헌법재판소가 관장하였다. 제3공화국에서는 대법원이, 제4공화국, 제5공화국에서는 헌법위원회가, 현행 헌법에서는 헌법재판소가 각 정당해산심판을 담당하게 하였다. 정당해산심판제도가 도입된 이후 현재까지 정당해산심판이 이루어진 적은 없으나 1958년 진보당이 등록취소라는 일반 행정조치로 강제해산을 당했던 사례가 있다.[21]

제2절 심판의 요건

정당의 목적이나 활동이 민주적 기본질서에 위배되어야 한다. 이에 대하여 구체적으로 살펴보기로 한다.

I. 정당

1. 정당법에 의해 등록을 마친 정당

정당해산심판의 대상이 되는 정당은 정당법에 의해 정당으로 등록을 마친 기성정당에 한한다. 따라서 정당의 명칭을 사용하여 활동을 하더라도 정당법에 의해 정당으로 등록을 하지 않은 이상 정당해산심판의 대상이 되는 정당이 아니다. 정당의 방계조직·위장조직·대체정당 등은 헌법 제21조의 일반결사의 범주에 속하여 행정처분으로

---

21) 독일의 경우 1952년에 사회주의정당(SRP)이, 1956년에 독일공산당(KPD)이 정당해산해산심판을 통해 위헌정당으로 해산된 적이 있다.

해산시킬 수 있다고 보아야 할 것이다.

2. 창당준비위원회

창당준비위원회도 정당해산심판의 대상이 되는지에 대하여는 견해가 대립되나 정당에 준하는 것으로 보아 기성정당과 동일하게 취급하는 것이 옳다고 본다.

Ⅱ. 목적과 활동

정당의 목적은 당의 강령, 당헌·당규, 당보와 같은 기관지, 출판물 등을 통하여 알 수 있는데 이때 그 목적이 민주적 기본질서에 반한다는 사실이 명백히 나타나야 하며 단순한 잠재적 경향만으로는 부족하다고 할 것이다.

정당의 활동에는 정당의 당수와 당간부의 활동은 물론 평당원의 활동도 포함된다. 다만 평당원의 활동은 그것이 당명에 의한 활동인 경우에만 정당의 활동으로 보아야 할 것이다.

정당의 목적이나 활동 중 어느 하나만이라도 민주적 기본질서에 위배되는 경우에는 정당해산의 사유가 된다.

Ⅲ. 민주적 기본질서

1. 민주적 기본질서의 의미

1) 견해의 대립

헌법 제8조 제4항의 민주적 기본질서의 의미에 대하여는 다음과 같이 견해가 대립한다.

(1) 자유민주적 기본질서만을 의미한다는 견해

민주주의가 자유민주주의 이외에 사회민주주의를 포함한다고 하더라도 정당해산의 사유로는 자유민주주의의 위배 이외에 사회민주주의의 위배를 포함시켜야 할 이유가 없다는 점, 민주적 기본질서에 사회민주적 기본질서를 포함하게 되면 사회민주주의에 찬동하지 않는 정당도 해산의 대상이 되는 불합리하고 비극적인 결과를 초래한다는 점, 헌법의 규정 내용으로 볼 때 자유민주적 기본질서야말로 대한민국의 헌법질서에 있어서 중핵이 되는 것이고 어떠한 경우에도 수호해야 할 헌법의 최후 보루라는 점 등에 비추어 볼 때 헌법 제8조 제4항의 민주적 기본질서는 자유민주적 기본질서만을 의미한다고 보아야 할 것이다.22)

(2) 사회민주적 기본질서까지도 포함한다는 견해

민주적 기본질서가 곧 자유민주적 기본질서라고 하는 것은 민주주

---

22) 권영성, 헌법학원론, 법문사, 2009, 195면, 196면.

의 이념을 자유와 평등만으로 국한하려는 사고이며 복지와 사회정의의 요청을 무시한 이론이라는 점, 자유민주주의와 사회민주주의의 공통개념인 민주적 기본질서는 자유주의와 보수주의를 배격하는 것이 아니라 부익부·빈익빈을 조장하는 독점자본주의를 배격하는 것이라는 점 등에 비추어 볼 때 헌법 제8조 제4항의 민주적 기본질서에는 자유민주적 기본질서 외에 사회민주적 기본질서도 포함된다고 보아야 한다.[23]

2) 판례

헌법재판소는 정당해산심판에 있어서의 민주적 기본질서의 의미에 대하여 직접 판단한 바는 없다. 다만 국가보안법 제7조에 대한 위헌심판사건에서 자유민주적 기본질서에 대하여 "자유민주적 기본질서에 위해를 준다 함은 모든 폭력적 지배와 자의적 지배, 즉 반국가단체의 일인독재 내지 일당독재를 배제하고 다수의 의사에 의한 국민의 자치, 자유·평등의 기본원칙에 의한 법치주의적 통치질서의 유지를 어렵게 만드는 것으로서 구체적으로는 기본적 인권의 존중, 권력분립, 의회제도, 복수정당제도, 선거제도, 사유재산과 시장경제를 골간으로 한 경제질서 및 사법권의 독립 등 우리의 내부체재를 파괴·변혁시키려는 것이다."라고 판단한 바 있다(헌재 1990. 4. 2. 89헌가113).

---

23) 김철수, 헌법학신론, 박영사, 2010, 179면.

3) 사견

생각건대 우리 헌법의 최고 이념인 인간의 존엄성은 복지와 사회 정의가 무시된 상태에서는 실현될 수가 없고, 우리 헌법이 경제적 자유 못지않게 경제의 민주화·경제정의의 실현을 규정하고 있는 취지로 보아 민주적 기본질서는 자유민주적 기본질서는 물론 사회민주적 기본질서까지 포함한 것으로 보는 것이 타당하다고 본다.

2. 위배의 정도

민주적 기본질서의 위배를 인정하기 위해서는 단순히 민주주의를 받아들이지 않거나 이에 대하여 비판적인 자세를 취하는 것만으로는 부족하다. 민주적 기본질서를 파괴하거 제거하려는 적극적이고 계획적인 시도가 있을 때에 비로소 민주적 기본질서의 위배가 인정될 수 있을 것이다.

제3절 심판의 절차

Ⅰ. 심판청구

1. 청구인

정당의 목적이나 활동이 민주적 기본질서에 위배될 때에는 정부는 국무회의의 심의를 거쳐 헌법재판소에 정당해산심판을 청구할 수 있다(헌법 제8조 제4항, 법 제55조), 이때의 정부란 입법부·사법부와 대등한 지위에 있는 행정부를 의미하고 법무부장관이 정부의 대표자로서 소송을 수행한다.

2. 청구의 성격

1) 견해의 대립

정부의 정당해산심판청구가 기속행위인지 재량행위인지 여부에 대하여는 견해가 대립하고 있다.

(1) 기속행위설
정당해산심판이 자유민주주의를 보호하기 위한 방어적 수단이므로 정부가 해산사유가 있는 정당을 방치하는 것은 정부의 헌법보호의무를 위반하는 것이 된다. 따라서 정부의 심판청구는 일종의 기속행위로 보아야 하므로 청구사유가 있으면 반드시 심판청구를 해야 한다.

(2) 재량행위설

정부는 해산사유가 있는 정당이 있다고 하더라도 정당해산심판절차가 아닌 다른 방법으로 충분히 헌법을 보호할 수 있는 경우에는 청구를 유보할 수도 있다.

2) 사견

정당해산심판제도는 민주적 기본질서를 수호하기 위한 보충적 수단이기 때문에 정당해산심판이 아닌 다른 방법으로도 민주적 기본질서를 수호할 수 있는 방법이 있는 경우에는 그 심판청구를 유보할 수 있다는 점에서 재량행위설이 타당하다. 그러나 정당의 활동이 헌법질서를 파괴하는 수준에까지 이르렀는데도 정부가 이를 방치하는 것은 허용될 수 없을 것이다. 따라서 이 경우에는 재량권이 0으로 수축이 되어 정부는 정당해산심판청구의무를 진다고 보아야 할 것이다.

3. 청구의 절차

1) 국무회의의 심의

정부가 정당해산심판청구를 하는 경우에는 국무회의의 심의를 거쳐야 한다(법 제55조). 국무회의의 심의를 거치지 않은 청구는 부적법하다.

2) 청구의 방식

정당해산심판청구는 법무부장관이 정부를 대표하여 헌법재판소에 정당해산심판청구서를 제출하는 방식으로 이루어진다. 구두에 의한 청구는 허용되지 않는다. 정당해산심판의 청구서에는 ① 해산을 요구하는 정당의 표시, ② 청구 이유를 기재하여야 한다(법 제56조).

Ⅱ. 가처분

헌법재판소는 정당해산심판의 청구를 받은 때에는 직권 또는 청구인의 신청에 의하여 종국결정의 선고 시까지 피청구인의 활동을 정지하는 결정을 할 수 있다(법 제57조).

Ⅲ. 청구 등의 통지

헌법재판소장은 정당해산심판의 청구가 있는 때, 가처분결정을 한 때 및 그 심판이 종료한 때에는 그 사실을 국회와 중앙선거관리위원회에 통지하여야 한다(법 제58조 제1항).

Ⅳ. 청구의 취하

정부의 정당해산심판청구가 기속행위라고 보는 입장에서는 원칙적으로 심판청구를 취하할 수 없다고 볼 것이고, 재량행위라고 보는 입장에서는 원칙적으로 청구의 취하를 자유롭게 할 수 있다고 볼 것이다.

제4절 헌법재판소의 결정

Ⅰ. 결정의 유형

1. 각하결정

정부의 정당해산심판청구가 부적법한 경우에는 각하결정을 한다.

2. 기각결정

정부의 정당해산심판청구가 이유 없는 경우에는 기각결정을 한다.

3. 해산결정

정부의 정당해산심판청구가 이유 있는 경우에는 피청구정당의 해산을 명하는 해산결정을 한다. 해산결정에는 헌법재판소는 9인의 재판관 중 6인 이상의 찬성이 있어야 한다(헌법 제113조 제1항, 법 제23조 제2항 제1호). 해산결정은 "피청구인 …… 정당의 해산을 명한다." 또는 "피청구인 …… 정당을 해산한다."라는 주문형식을 취한다.

Ⅱ. 종국결정의 통지

정당해산심판의 종국결정이 선고되면 서기는 지체 없이 결정서 정본을 작성하여 이를 당사자에게 송달하여야 한다(법 제36조 제4항). 정당해산을 명하는 결정서는 피청구인 외에 국회·정부 및 중앙선거관리위원회에도 이를 송달하여야 한다(법 제58조 제2항).

Ⅲ. 해산결정의 집행

정당의 해산을 명하는 헌법재판소의 결정은 중앙선거관리위원회가 정당법의 규정에 의하여 이를 집행한다(법 제60조). 즉 중앙선거관리위원회는 헌법재판소의 해산결정의 통지가 있는 때에는 그 정당의 등록을 말소하고 지체 없이 그 뜻을 공고하여야 한다(정당법 제47조).

Ⅳ. 해산결정의 효력

1. 정당의 해산

헌법재판소가 해산결정을 하면 해당 정당은 해산된다(법59조). 해산결정은 형성적 효력을 가지므로 해당 정당은 해산결정과 동시에 바로 해산되며, 중앙선거관리위원회의 집행에 의해 해산되는 것이 아니다. 따라서 중앙선거관리위원회가 해당 정당의 등록을 말소하고 공고하는 행위는 단순한 확인적 의미에 지나지 않는다.

한편 정당해산결정은 장래효를 갖는다. 즉 정당해산결정의 효력은 소급하여 발생하는 것이 아니므로 결정 선고 전의 해당 정당의 일반적 활동은 위헌이 아니다.

2. 대체정당의 창당 및 유사명칭 등의 사용 금지

정당이 헌법재판소의 결정으로 해산된 때에는 해산된 정당의 강령 또는 기본정책과 동일하거나 유사한 것으로 정당을 창당하지 못한다(정당법 제40조). 헌법재판소의 결정에 의하여 해산된 정당의 명칭과 같은 명칭은 정당의 명칭으로 다시 사용하지 못한다(정당법 제41조 제2항).

3. 해산정당재산의 국고귀속

헌법재판소의 해산결정에 의하여 해산된 정당의 잔여재산은 국고에 귀속한다(정당법 제48조 제2항). 이는 위헌정당의 물적 기반을 없애 버려 해산결정의 실효성을 높이기 위한 것이다.

4. 소속의원의 자격상실 여부

헌법재판소의 해산결정으로 정당이 해산되는 경우 소속 국회의원의 자격이 상실하는지 여부에 대하여는 명문의 규정이 없다. 이에 다음과 같이 견해가 대립하고 있다.

1) 견해의 대립

(1) 의원자격상실설
소속 국회의원은 현대국가들이 정당국가로 발전하고 있는 추세에 비추어 보거나 방어적 내지 투쟁적 민주주의의 관점에서 볼 때 그 의원 자격을 상실하는 것으로 보는 것이 타당하다.[24]

(2) 의원자격유지설
제3공화국 헌법은 명문으로 국회의원직을 상실하게 되어 있었으나, 현행헌법에는 이에 관한 규정이 없기 때문에 해산된 정당 소속 국회의원의 자격을 상실하게 하려면 정당해산결정과는 별도로 국회에서의 자격심사나 제명처분 등의 조치가 있어야 한다.[25]

---

24) 권영성, 앞의 책, 1157면.
25) 김철수, 앞의 책, 1666면.

2) 사견

생각건대 정당해산심판제도가 갖는 헌법보호수단으로서의 의미와
기능, 방어적 민주주의의 취지 등에 비추어 볼 때 해산된 정당의 소
속 국회의원은 그 직을 상실한다고 보는 것이 타당하다. 이를 위한
입법적 조치가 필요하다.

제7장 권한쟁의심판

제1절 총설

Ⅰ. 권한쟁의심판의 의의

권한쟁의심판이란 국가기관 상호 간, 국가기관과 지방자치단체 간 및 지방자치단체 상호 간의 권한의 존부나 범위에 관하여 다툼이 있는 경우에 제3의 독립된 기관이 이를 유권적으로 심판함으로써 그 분쟁을 해결하는 헌법재판제도이다. 헌법은 권한쟁의심판을 헌법재판소의 관할사항으로 하고 있다(헌법 제111조 제1항 제4호).

권한쟁의심판은 각 국가기관이나 지방자치단체가 헌법에 의해 부여받은 각자의 권한을 충돌 없이 행사할 수 있도록 하여 국가작용이 원활하고 정상적으로 이루어지게 하며, 각 국가기관이나 지방자치단체 간의 수평적 또는 수직적 권력통제를 통해 권력분립을 실현하고, 소수파가 다수파의 횡포를 견제할 수 있게 하여 소수의 보호를 통한 민주주의를 실질적으로 구현하는 제도이다.

Ⅱ. 권한쟁의심판의 연혁

권한쟁의심판은 독일에서 발전해 온 헌법재판제도이다. 우리나라의 경우 제2공화국헌법에서 권한쟁의심판을 헌법재판소의 관할사항으로 규정하였으나 제2공화국이 5·16군사쿠데타로 인하여 무너지는 바람에 헌법재판소가 구성되지는 않았다. 그 후 현행헌법에서 다시 권한쟁의심판제도를 채택하였다. 현행헌법은 국가기관만의 권한쟁의에 대해서만 규정한 제2공화국헌법과 달리 국가기관과 지방자치단체 간 및 지방자치단체 상호 간의 권한쟁의에 대해서도 규정하여 심판의 범위를 확대하였다.

Ⅲ. 권한쟁의심판의 성질

권한쟁의심판은 권한 침해를 주장하는 청구인과 이를 부인하는 피청구인 간의 대립적인 소송구조를 가진다. 그러나 전통적인 의미의 주관적 권리구제를 목적으로 하는 주관적 소송은 아니다. 권한쟁의심판의 당사자인 국가기관이나 지방자치단체는 기본권의 주체가 아니라 기본권의 수범자로서 그 권한을 자신이 아닌 국가 또는 공동체 전체의 이익을 위해 행사해야 하기 때문이다. 따라서 권한을 임의로 포기하거나 양도할 수도 없다. 국가기관이나 지방자치단체가 가지는 권한의 이러한 성격으로 인해 권한쟁의심판은 객관소송으로서의 성질을 갖는다.

제2절 권한쟁의심판의 종류

Ⅰ. 적극적 권한쟁의와 소극적 권한쟁의

1. 적극적 권한쟁의

적극적 권한쟁의란 국가기관 또는 지방자치단체 등이 특정 권한과 의무에 관하여 서로 자신의 관할이라고 주장하여 생기는 권한쟁의를 말한다. 보통 권한쟁의라 함은 적극적 권한쟁의를 말한다. 헌법재판소법은 제61조 제2항에서 "제1항의 심판청구는 피청구인의 처분 또는 부작위가 헌법 또는 법률에 의하여 부여받은 청구인의 권한을 침해하였거나 침해할 현저한 위험이 있는 경우에만 할 수 있다."고 하여 적극적 권한쟁의를 명시적으로 인정하고 있다.

2. 소극적 권한쟁의

소극적 권한쟁의란 국가기관 또는 지방자치단체 등이 특정 권한과 의무에 관하여 서로 자신의 관할이 아니라고 주장하여 생기는 권한쟁의를 말한다. 현행법상 소극적 권한쟁의가 인정되는지 여부가 문제된다.

1) 견해의 대립

(1) 긍정설

권한의 존부 또는 범위에 관한 다툼에는 소극적 권한쟁의도 당연히 포함되고, 소극적 권한쟁의를 인정하지 않게 되면 국가기관이나 지방자치단체 등이 서로 책임회피를 하는 경우 국가업무가 제대로 이루어질 수 없다는 점에 비추어 볼 때 소극적 권한쟁의를 인정해야 한다.

(2) 부정설

헌법재판소법 제61조 제2항의 규정취지에 비추어 볼 때 소극적 권한쟁의는 인정하기 어렵고, 소극적 권한쟁의에 대하여는 부작위위법확인소송 등의 행정소송을 통해 해결할 수 있는 방법이 있으므로 소극적 권한쟁의를 부인해야 한다.

2) 헌법재판소의 입장

헌법재판소는 소극적 권한쟁의의 인정 여부에 대하여 명시적으로 밝힌 바는 없다. 다만 소극적 권한쟁의의 성질을 갖는 사건에서 소극적 권한쟁의의 문제가 아닌 부작위에 의한 적극적 권한쟁의의 문제로 보아 심판청구를 기각한 사례가 있다(헌재 1998. 8. 27. 96헌라1). 즉 시흥시가 정부를 상대로 한 권한쟁의심판사건에서, 시흥시는 정부가 시화공업단지 내의 공공시설에 대한 관리권이 있음에도 이를 관리하지 아니한 부작위로 인하여 시흥시가 중대한 재정적 손실을 입을 현저한 위험에 처하게 되었고, 이로 인해 헌법 및 지방자치법에 의하여 시흥시에게 부여한 자치재정권 등을 침해하였거나 침해할 우려가 생기게 되었다고 주장하였다. 이에 대하여 헌법재판소는 이 사건 공공시설의 관리권자는 청구인인 시흥시이므로 정부가 이 사건 공공시설을 관리하지 아니하고 있다고 하여 청구인의 권한이 침해되거나 침해될 위험이 있다고 할 수 없다고 하고, 나아가 이 사건 공공시설의 관리권한이 누구에게 있는가에 관계없이 피청구인인 정부의 부작위에 의하여 청구인의 권한이 침해되었거나 침해될 현저한 위험이 있다고 할 수 없다는 이유로 기각결정을 하였다.

Ⅱ. 당사자에 따른 분류

당사자에 따른 권한쟁의심판의 종류는 다음과 같다(법 제62조 제1항).

1. 국가기관 상호 간의 권한쟁의심판

국회, 정부, 법원 및 중앙선거관리위원회 상호 간의 권한쟁의심판

2. 국가기관과 지방자치단체 간의 권한쟁의심판

(1) 정부와 특별시·광역시 또는 도 간의 권한쟁의심판
(2) 정부와 시·군 또는 자치구 간의 권한쟁의심판

3. 지방자치단체 상호 간의 권한쟁의심판

(1) 특별시·광역시 또는 도 상호 간의 권한쟁의심판
(2) 시·군 또는 자치구 상호 간의 권한쟁의심판
(3) 특별시·광역시 또는 도와 시·군 또는 자치구 간의 권한쟁의심판

제3절 권한쟁의심판과 기타 관련소송과의 관계

I. 기관소송과의 관계

헌법재판인 권한쟁의심판과 행정소송인 기관소송의 관계가 문제된다. 양자 모두 권한분쟁에 관한 재판이기 때문이다.

행정소송법은 제3조 제4항에서 본문에서 "국가 또는 공공단체의 기관 상호 간에 있어서의 권한의 존부 또는 그 행사에 관한 다툼이 있을 때에 이에 대하여 제기하는 소송"을 기관소송이라 정의하고, 같은 항 단서에서 "헌법재판소법 제2조의 규정에 의하여 헌법재판소의 관장사항으로 되는 소송은 제외한다."라고 규정하고 있다.

따라서 권한분쟁이 발생한 경우 권한쟁의심판의 대상이 되는 사항은 권한쟁의심판으로 다투고, 그 외의 사항은 기관소송으로 다투게 되므로 권한쟁의심판과 기관소송과는 관할충돌의 문제가 발생하지

않는다.

　현행법에 의하면 공공단체인 지방자치단체 내에서 ① 지방자치단체의 장과 지방의회 사이의 기관소송(지방자치법 제107조, 제172조)[26], ② 교육감과 시·도의회 또는 교육위원회간의 기관소송(지방교육자치에관한법률 제28조)[27]이 있다.

---

26) 지방자치단체의 장은 지방의회의 의결이 월권이거나 법령에 위반되거나 공익을 현저히 해친다고 인정되면 그 의결사항을 이송 받은 날부터 20일 이내에 이유를 붙여 재의를 요구할 수 있다(법 제107조 제1항). 재의요구에 대하여 재의한 결과 재적의원 과반수의 출석과 출석의원 3분의 2 이상의 찬성으로 전과 같은 의결을 하면 그 의결사항은 확정된다(법 제107조 제2항). 지방자치단체의 장은 재의결된 사항이 법령에 위반된다고 인정되면 재의결된 날부터 20일 이내에 대법원에 소를 제기할 수 있다. 이 경우 필요하다고 인정되면 그 의결의 집행을 정지하게 하는 집행정지결정을 신청할 수 있다(법 제107조 제3항, 법 제172조 제3항).

지방의회의 의결이 법령에 위반되거나 공익을 현저히 해한다고 판단될 때에는 시·도에 대하여는 내무부장관이, 시·군 및 자치구에 대하여는 시·도지사가 재의를 요구할 수 있고, 재의의 요구를 받은 지방자치단체의 장은 지방의회에 이유를 붙여 재의를 요구하여야 한다(법 제172조 제1항). 지방의회의 재의의 결과 재적의원 과반수의 출석과 출석의원 3분의 2 이상의 찬성으로 전과 같은 의결을 하면 그 의결사항은 확정된다(법 제172조 제2항). 지방자치단체의 장은 재의결된 사항이 법령에 위반된다고 판단되는 때에는 재의결된 날부터 20일 이내에 대법원에 소를 제기할 수 있다. 이 경우 필요하다고 인정되는 때에는 그 의결의 집행을 정지하게 하는 집행정지결정을 신청할 수 있다(법 제172조 제3항). 재의결된 사항이 법령에 위반된다고 판단됨에도 당해 지방자치단체의 장이 소를 제기하지 아니하는 때에는 당해 지방자치단체의 장에게 제소를 지시하거나 직접 제소 및 집행정지결정을 신청할 수 있다(법 제172조 제4항)

27) 교육감은 교육·학예에 관한 시·도의회의 의결이 법령에 위반되거나 공익을 현저히 저해한다고 판단될 때에는 그 의결사항을 이송받은 날부터 20일 이내에 이유를 붙여 재의를 요구할 수 있다. 교육감이 교육과학기술부장관으로부터 재의요구를 하도록 요청받은 경우에는 시·도의회에 재의를 요구하여야 한다(법 제28조 제1항). 재의요구가 있을 때에는 재의요구를 받은 시·도의회는 재의에 붙이고 시·도의회 재적의원 과반수의 출석과 시·도의회 출석의원 3분의 2 이상의 찬성으로 전과 같은 의결을 하면 그 의결사항은 확정된다(법 제28조 제2항). 재의결된 사항이 법령에 위반된다고 판단될 때에는 교육감은 재의결된 날부터 20일 이내에 대법원에 제소할 수 있다(법 제28조 제3항). 교육과학기술부장관은 재의결된 사항이 법령에 위반된다고 판단됨에도 해당 교육감이 소를 제기하지 않은 때에는 해당 교육감에게 제소를 지시하거나 직접 제소할 수 있다

Ⅱ. 지방자치법상의 소송

1. 지방자치법 제169조 소송

지방자치단체의 장은 감독기관(주무부장관 또는 시·도지사)의 자치사무에 관한 시정명령이나 처분의 취소 또는 정지에 대하여 이의가 있는 때에는 그 취소 또는 정지처분을 통보받은 날로부터 15일 이내에 대법원에 소를 제기할 수 있다(지방자치법 제169조). 이때 지방자치단체의 장은 감독기관을 상대로 헌법재판소에 권한쟁의심판도 청구할 수 있다. 만약 지방자치단체의 장의 중복제소가 있는 경우에는 헌법재판소가 우선하여 심판한다. 헌법의 규정이 법률의 규정보다 우선하여 효력이 있기 때문이다. 그러나 권한쟁의심판청구를 봉쇄하지 않는 한 지방자치법의 관련규정이 위헌이라고는 할 수 없다.[28]

2. 지방자치법 제170조 소송

지방자치단체의 장이 법령의 규정에 따라 그 의무에 속하는 국가위임사무나 시·도위임사무의 관리와 집행을 명백히 게을리 하고 있다고 인정되면 감독기관(주무부장관 또는 시·도지사)이 직무이행명령을 할 수 있는데 지방자치단체의 장은 직무이행명령에 이의가 있으면 이행명령서를 접수한 날부터 15일 이내에 대법원에 소를 제기할 수 있다(지방자치법 제170조). 이 경우는 지방자치단체의 장이 자

(법 제28조 제4항).
28) 허영, 앞의 책, 305면.

치사무가 아닌 위임사무를 처리하는 경우이므로 권한쟁의심판청구는 성립될 수가 없다. 따라서 관할 중복의 문제는 발생하지 않는다.

제4절 당사자

Ⅰ. 국가기관 상호 간의 권한쟁의심판

1. 당사자의 범위에 관한 헌법재판소의 판례

헌법재판소법 제62조 제1항 제1호는 국가기관 상호 간의 권한쟁의심판에서 당사자가 될 수 있는 기관으로 국회, 정부, 법원 및 중앙선거관리위원회만을 규정하고 있다. 여기서 위 규정이 열거적·한정적인 규정인지, 예시적인 규정인지 여부가 문제가 된다.

헌법재판소는 처음에는 위 규정을 열거적·한정적인 규정으로 해석하여 열거되지 아니한 기관이나 열거된 국가기관 내의 각급기관은 권한쟁의심판의 당사자가 될 수 없다고 하였다(헌재 1995. 2. 23. 90헌라1).

헌법 제111조 제1항 제4호 및 헌법재판소법 제62조 제1항 제1호는 헌법재판소가 관장하는 국가기관 상호 간 권한쟁의심판을 국회, 정부, 법원 및 중앙선거관리위원회 상호 간의 권한쟁의심판으로 한정하고 있으므로, 그에 열거되지 아니한 기관이나 또는 열거된 국가기관 내의 각급기관은 비록 그들이 공권적 처분을 할 수 있는 지위에 있을지라도 권한쟁의심판의 당사자가 될 수 없으며 또 위에 열거된 국가기관 내부의 권한에 관한 다툼은 권한쟁의심판의 대상이 되지 않는다. 따라서 국회의 경우 현행 권한쟁의심판제도에서는 국가기관으로서의 국회가 정부, 법원 또는 중앙선거관리위원회와 사이에 권한의 존부 또는 범위에 관하여 다툼이 있을 때 국회만이 당사자로 되어 권한쟁의심판을 수행할 수 있을 뿐이고, 국회의 구성원이거나 국회 내의 일부기관인 국회의원 및 교섭단체 등이 국회 내의 다른 기관인 국회의장을 상대로 권한쟁의심판을 청구할 수 없다(헌재 1995. 2. 23. 90헌라1).

그러나 그 후 헌법재판소는 국회의원과 국회의장 간의 권한쟁의사건(헌재 1997. 7. 16. 96헌라2)에서 종전의 입장을 바꿔 위 규정은 예시적 규정이라고 판시하면서 당사자능력의 요건으로 ① 그 국가기관이 헌법에 의하여 설치되고, ② 헌법과 법률에 의하여 독자적인 권한을 부여받고, ③ 권한쟁의를 해결할 수 있는 적당한 기관이나 방법이 없어야 한다는 점을 들었다.

헌법재판소법 제62조 제1항 제1호가 국가기관 상호 간의 권한쟁의심판을 "국회, 정부, 법원 및 중앙선거관리위원회 상호 간의 권한쟁의심판"이라고 규정하고 있더라도 이는 한정적, 열거적인 조항이 아니라 예시적인 조항이라고 해석하는 것이 헌법에 합치되므로 이들 기관 외에는 권한쟁의심판의 당사자가 될 수 없다고 단정할 수 없다. 헌법 제111조 제1항 제4호 소정의 "국가기관"에 해당하는지 여부는 그 국가기관이 헌법에 의하여 설치되고 헌법과 법률에 의하여 독자적인 권한을 부여받고 있는지, 헌법에 의하여 설치된 국가기관 상호 간의 권한쟁의를 해결할 수 있는 적당한 기관이나 방법이 있는지 등을 종합적으로 고려하여야 할 것인바, 이러한 의미에서 국회의원과 국회의장은 위 헌법조항 소정의 "국가기관"에 해당하므로 권한쟁의심판의 당사자가 될 수 있다(헌재 1997. 7. 16. 96헌라2).

2. 구체적인 경우

헌법재판소의 변경된 입장이 헌법에 부합한다고 보며 이에 따라 구체적으로 살펴보기로 한다.

1) 국회의 경우

전체로서의 국회뿐만 아니라 국회의원, 국회의 각 위원회, 원내교섭단체, 국회의장 및 부의장 등도 독립된 국가기관으로서 당사자능력을 갖는다.

2) 정부의 경우

전체로서의 정부뿐만 아니라 대통령, 국무총리, 행정각부의 장, 국무회의, 국무위원, 감사원, 감사원장, 감사위원 등도 독립된 국가기관으로서 당사자능력을 갖는다.

3) 법원 및 중앙선거관리위원회의 경우

법원 및 중앙선거관리위원회의 경우 독립성과 정치적 중립성이 강하게 요구되고 소극적·통제적 기능을 수행한다는 점에서 권한쟁의심판의 당사자로서는 부적절하다 할 것이다. 따라서 이들 기관에 대하여는 전체로서의 법원 및 중앙선거관리위원회에 한하여 당사자능력을 인정하고 부분기관에까지 확대하지 않는 것이 타당하다.

한편 헌법재판소가 권한쟁의심판의 당사자가 될 수 있는지 여부에
대하여는 견해가 대립될 수 있으나 헌법재판소가 권한쟁의심판의 당
사자가 될 경우 자기가 자신을 심판한다는 모순에 빠지게 되므로 당
사자가 될 수 없다고 보는 것이 타당하다.

4) 정당

정당에게도 권한쟁의의 당사자능력을 인정할 수 있는지가 문제되
는데 정당의 경우에는 헌법상 명시적인 규정이 없을 뿐 아니라 헌법
소원을 통해 보호받을 수 있으므로 권한쟁의의 당사자능력을 부정하
는 것이 타당하다.

Ⅱ. 국가기관과 지방자치단체 간의 권한쟁의심판

헌법재판소법 제62조 제1항 제2호는 국가기관과 지방자치단체 간
의 권한쟁의심판으로 ① 정부와 특별시·광역시 또는 도 간의 권한
쟁의심판, ② 정부와 시·군 또는 자치구 간의 권한쟁의심판을 들고
있다. 그런데 권한쟁의의 일방 당사자인 국가기관으로 정부만을 들
고 있어 이에 대하여는 열거적 규정인지, 예시적 규정인지 견해가
갈릴 수가 있다. 앞서 본 헌법재판소의 판례에 비추어 볼 때 예시적
규정이라고 보는 것이 타당하다. 따라서 정부뿐만 아니라 대통령, 행
정각부의 장 등과 같은 정부의 부분기관은 물론 국회, 법원 등 여타
국가기관도 당사자가 될 수 있다. 헌법재판소도 대통령(헌재 2007.
7. 26. 2005헌라8), 해양수산부장관(헌재 2008. 3. 27. 2006헌라1)

등을 정부의 부분기관에 대하여 당사자능력을 인정하였고, 국회 (2005. 12. 22. 2004헌라3)에 대해서도 당사자능력을 인정하였다.

Ⅲ. 지방자치단체 상호 간의 권한쟁의심판

헌법재판소법 제62조 제1항 제2호는 지방자치단체 상호 간의 권한쟁의심판으로 ① 특별시·광역시 또는 도 상호 간의 권한쟁의심판, ② 시·군 또는 자치구 상호 간의 권한쟁의심판, ③ 특별시·광역시 또는 도와 시·군 또는 자치구 간의 권한쟁의심판을 들고 있다. 지방자치단체 상호 간의 권한쟁의심판의 당사자는 특별시, 광역시, 도, 시, 군, 자치구이며 해당 지방자치단체의 장이 대표한다.

지방자치단체의 의결기관인 지방의회를 구성하는 지방의회 의원과 그 지방의회의 대표자인 지방의회 의장 간의 권한쟁의심판은 위 지방자치단체 상호 간의 권한쟁의심판의 범위에 속한다고 볼 수 없다 (헌재 2010. 4. 29. 2009헌라11).

헌법 제111조 제1항 제4호는 지방자치단체 상호 간의 권한쟁의에 관한 심판을 헌법재판소가 관장하도록 규정하고 있고, 헌법재판소법 제62조 제1항 제3호는 이를 구체화하여 헌법재판소가 관장하는 지방자치단체 상호 간의 권한쟁의심판의 종류를 ① 특별시·광역시 또는 도 상호 간의 권한쟁의심판, ② 시·군 또는 자치구 상호 간의 권한쟁의심판, ③ 특별시·광역시 또는 도와 시·군 또는 자치구 간의 권한쟁의심판 등으로 규정하고 있는바, 지방자치단체의 의결기관인 지방의회를 구성하는 지방의회 의원과 그 지방의회의 대표자인 지방의회 의장 간의 권한쟁의심판은 헌법 및 헌법재판소법에 의하여 헌법재판소가 관장하는 지방자치단체 상호 간의 권한쟁의심판의 범위에 속한다고 볼 수 없으므로 부적법하다(헌재 2010. 4. 29. 2009헌라11).

지방자치단체의 장은 원칙적으로 당사자가 될 수 없다. 다만 지방자치단체의 장이 국가위임 사무에 대해 국가기관의 지위에서 처분을 행한 경우에는 권한쟁의 심판청구의 당사자가 될 수 있다(헌재 2006. 8. 31. 2003헌라1).

권한쟁의 심판청구는 헌법과 법률에 의하여 권한을 부여받은 자가 그 권한의 침해를 다투는 헌법소송으로서 이러한 권한쟁의심판을 청구할 수 있는 자에 대하여는 헌법 제111조 제1항 제4호와 헌법재판소법 제62조 제1항 제3호가 정하고 있는바, 이에 의하면 지방자치단체의 장은 원칙적으로 권한쟁의 심판청구의 당사자가 될 수 없다. 다만 지방자치단체의 장이 국가위임 사무에 대해 국가기관의 지위에서 처분을 행한 경우에는 권한쟁의 심판청구의 당사자가 될 수 있다. 그런데 이 사건 ○○ 주식회사에 대한 피청구인 순천시장의 과세처분은 지방자치단체의 권한에 속하는 사항에 대하여 지방자치단체사무의 집행기관으로서 한 과세처분에 불과하므로 피청구인 순천시장은 이 사건 지방세 과세 권한을 둘러싼 다툼에 있어 권한쟁의 심판청구의 당사자가 될 수 없고, 청구인 광양시장 또한 마찬가지이다. 따라서 청구인 광양시장의 피청구인들에 대한 심판청구와 청구인 광양시의 피청구인 순천시장에 대한 심판청구는 모두 당사자능력을 결한 청구로서 부적법하다(헌재 2006. 8. 31. 2003헌라1).

헌법재판소법 제62조 제2항은 "권한쟁의가 지방교육자치에관한법률 제2조의 규정에 의한 교육·학예에 관한 지방자치단체의 사무에 관한 것인 때에는 교육감이 제1항 제2호 및 제3호의 당사자가 된다."고 규정하고 있는데 이는 교육감이 지방자치단체를 대표한다는 취지로 보아야 한다.

제5절 심판청구의 적법요건

권한쟁의심판청구는 피청구인의 처분 또는 부작위가 헌법이나 법률에 의하여 부여받은 청구인의 권한을 침해하였거나 침해할 현저한 위험이 있는 경우에만 할 수 있다(법 제61조 제2항). 이를 구체적으로 살펴보기로 한다.

Ⅰ. 당사자적격

1. 청구인적격

청구인은 헌법과 법률에 의하여 부여받은 자신이 권한이 침해되거나 침해당할 현저한 위험이 있다고 주장하는 국가기관 또는 지방자치단체이다. 지방자치단체에 위임된 기관위임사무는 국가사무이지 지방자치단체의 권한에 속하는 사무가 아니므로 지방자치단체가 기관위임사무에 관한 권한 침해를 다투는 권한쟁의심판은 부적법하다(헌재 2004. 9. 23. 2000헌라2).

청구인의 피청구인 평택시장에 대한 심판청구는 그 심판청구의 본질을 지방자
치권의 침해로 볼 수 없으며, 지방자치단체인 청구인 당진군이 국가사무인 지
적공부의 등록사무에 관한 권한의 존부 및 범위에 관하여 국가기관의 지위에서
국가로부터 사무를 위임받은 피청구인 평택시장을 상대로 다투고 있는 청구라
고 할 것이므로, 지방자치단체인 청구인의 이 부분 심판청구는 청구인의 권한
에 속하지 아니하는 사무에 관한 권한쟁의심판청구라고 할 것이므로 부적법하
다(헌재 2004. 9. 23. 2000헌라2).

2. 피청구인적격

피청구인은 특정한 처분 또는 부작위로 청구인의 권한을 침해하였
거나 침해할 현저한 위험을 야기한 국가기관 또는 지방자치단체이다.

3. 제3자 소송담당

1) 의의

제3자의 소송담당이란 권한쟁의심판의 당사자능력이 있는 기관의
부분기관이 소속기관 전체의 권한에 대하여 당사자의 지위에서 권한
쟁의심판을 청구하는 것을 말한다. 국회의 부분기관인 국회의 교섭
단체가 국회의 권한 침해를 주장하며 권한쟁의심판을 청구하는 것이
그 예이다. 제3자 소송담당은 소수의 보호 및 여당과 야당의 기능적
권력통제를 통한 헌법보호의 기능을 한다.

2) 허용 여부

독일의 경우 제3자 소송담당을 허용하는 명문규정을 두고 있다. 그러나 우리나라는 이에 대한 명문규정이 없어 그 허용 여부가 문제된다. 이에 대하여 헌법재판소는 다수결의 원리와 의회주의의 본질에 어긋나게 남용될 우려가 있다는 제3자 소송담당을 인정하지 않는다(헌재 2011. 8. 30. 2011헌라2). 그러나 국가작용이 원활하고 정상적으로 이루어지고 소수의 보호를 통한 민주주의를 실질적으로 구현하고자 하는 권한쟁의심판의 기능에 비추어 볼 때 이를 인정하는 것이 타당하다.

권한쟁의심판에 있어서 '제3자 소송담당'의 필요성을 부인할 수는 없으나, 국회의 의사가 다수결에 의하여 결정되었음에도 다수결의 결과에 반대하는 소수의 국회의원에게 권한쟁의심판을 청구할 수 있게 하는 것은 다수결의 원리와 의회주의의 본질에 어긋날 뿐만 아니라, 국가기관이 기관 내부에서 민주적인 방법으로 토론과 대화에 의하여 기관의 의사를 결정하려는 노력 대신 모든 문제를 사법적 수단에 의해 해결하려는 방향으로 남용될 우려도 있으므로, 권한쟁의심판에 있어 제3자 소송담당을 허용하는 법률의 규정이 없는 현행법 체계 하에서 국회의 구성원인 청구인들은 국회의 조약 체결·비준에 대한 동의권의 침해를 주장하는 권한쟁의심판을 청구할 수 없다고 보아야 한다(헌재 2011. 8. 30. 2011헌라2).

Ⅱ. 피청구인의 처분 또는 부작위의 존재

1. 처분의 개념

여기서 처분이란 국가기관 또는 지방자치단체의 넓은 의미의 공권력 행사를 말하는데 개별적인 법률행위 외에 법규범정립행위, 사실행위를 포함한다. 입법영역에서 처분은 국회의 법률 제·개정행위나 그와 관련된 행위(국회의장의 법률안가결선포행위 등)는 물론 법률 그 자체도 포함한다. 행정영역에서 처분은 법규명령, 조례 및 모든 개별적인 행정행위 및 사실행위를 포함한다.

처분은 청구인의 법적 지위에 구체적으로 영향을 미칠 가능성이 있어야 한다. 정부의 법률안 제출행위는 입법을 위한 하나의 사전 준비행위에 불과하므로 처분이라 할 수 없다(헌재 2005. 12. 22. 2004헌라3).

장래처분에 대해서도 권한쟁의심판을 청구할 수 있는지 여부가 문제되는데 장래처분에 대한 권한쟁의심판은 원칙적으로 허용되지 않으나 피청구인의 장래처분이 확실하게 예정되어 있고, 피청구인의 장래처분에 의해서 청구인의 권한이 침해될 위험성이 있어서 청구인의 권한을 사전에 보호해 주어야 할 필요성이 매우 큰 예외적인 경우에는 이를 허용해야 할 것이다(헌재 2004. 9. 23. 2000헌라2).

이른바 아산만 해역 중에서 일정 해역(이하 '이 사건 해역'이라 한다)에 건설된 항만시설용 제방 중 일정 부분의 제방(이하 '이 사건 제방'이라 한다)에 대한 자치권한이 청구인인 당진군에게 속하고, 피청구인 평택시장이 이 사건 제방을 자신의 토지대장에 등록한 것을 말소하지 아니한 부작위가 청구인의 위 자치권한을 침해하며, 피청구인이 이 사건 제방을 자신의 토지대장에 등록한 것을 청구인이 말소해 달라고 요구하였으나 피청구인이 이를 거부한 행위(처분)가 청구인의 위 자치권한을 침해한 것이라는 이유로 권한쟁의심판 청구가 제기된 사건에서, 이 사건 제방과 항만 창고시설 등에 대한 피청구인 평택시의 관할권한 행사가 확실하게 예정되어 있으므로, 피청구인 평택시의 장래처분이 확정적으로 존재하고, 피청구인의 장래처분에 의하여 청구인의 이 사건 제방에 대한 관할권한이 침해될 위험성이 있어서 청구인의 권한을 사전에 보호해야 힐 필요성이 매우 크다고 할 것이므로, 피청구인 평택시의 장래처분은 헌법재판소법 제61조 제2항에서 규정하고 있는 처분에 해당된다고 할 것이며, 기타의 적법요건도 갖추고 있으므로, 청구인의 피청구인 평택시의 장래처분에 대한 심판청구는 적법하다(헌재 2004. 9. 23. 2000헌라2).

2. 부작위

여기서 부작위란 헌법이나 법률에 의하여 작의의무가 있음에도 이를 이행하지 않은 것을 말한다(헌재 1998. 7. 14. 98헌라3). 부작위 역시 청구인의 법적 지위에 구체적으로 영향을 미칠 가능성이 있어야 한다.

Ⅲ. 권한의 침해 또는 침해할 현저한 위험

1. 권한

1) 권한의 개념

여기서 권한이란 공적 업무를 수행하기 위하여 각 기관이 관장하고 있는 관할을 말하는 동시에 자기의 업무를 수행하게 하기 위하여 법이 부여한 권한을 말한다.[29] 헌법상의 권한은 물론 법률상의 권한도 포함된다. 또한 헌법상의 의무 및 법률상의 의무도 포함된다.

2) 주관적 권리의 포함 여부

권한의 범위와 관련하여 본래 직무상의 권한에 한정된다는 권한한정설과 기관의 주관적 권리도 포함된다는 권리포함설이 대립하고 있다. 전자의 경우 대통령, 국무총리, 행정각부의 장, 감사원장, 국회의원 등이 다른 기관의 처분이나 부작위로 그 지위가 박탈되거나 침해되는 경우 권한쟁의심판으로 다툴 수 없다고 보고, 후자의 경우 공무담임권 침해를 이유로 다툴 수 있다고 본다. 권한과 권리는 그 성질이 다르다는 점, 헌법과 헌법재판소법이 권한쟁의심판제도 외에 헌법소원심판제도를 두고 있는 점 등에 비추어 볼 때 권한한정설이 타당하다. 따라서 위와 같은 경우 권한쟁의심판으로 다툴 수는 없고 공무담임권 침해를 이유로 헌법소원심판을 청구해야 한다.

---

29) 정종섭, 앞의 책, 522면.

2. 침해 또는 침해할 현저한 위험

여기서 침해란 현실적인 침해로 과거에 발생하였거나 현재까지 지속되는 침해를 말한다. 침해할 현저한 위험이란 아직 현실적인 침해가 발생하지는 않았으나 침해가 발생할 개연성이 상당히 높은 상태를 말한다. 권한쟁의심판청구의 적법요건 단계에서 요구되는 권한침해의 요건은, 청구인의 권한이 구체적으로 관련되어 이에 대한 침해가능성이 존재할 경우 충족된다. 권한의 침해가 실제로 존재하고 위헌 내지 위법한지의 여부는 본안의 결정에서 판단되어야 할 것이다(헌재 2006. 5. 25. 2005헌라4).

주민투표법 제8조는 국가정책의 수립에 참고하기 위한 주민투표에 대해 규정하고 있는데 규정의 문언으로 볼 때 중앙행정기관의 장은 실시 여부 및 구체적 실시구역에 관해 상당한 범위의 재량을 가진다고 볼 수 있다. 이를 감안할 때 중앙행정기관의 장으로부터 실시요구를 받은 지방자치단체 내지 지방자치단체장으로서는 주민투표 발의에 관한 결정권한, 의회의 의견표명을 비롯하여 투표시행에 관련되는 권한을 가지게 된다고 하더라도, 나아가 지방자치단체가 중앙행정기관장으로부터 제8조의 주민투표 실시요구를 받지 않은 상태에서 일정한 경우 중앙행정기관에게 실시요구를 해 줄 것을 요구할 수 있는 권한까지 가지고 있다고 보기는 어렵다. 그렇다면 피청구인 행정자치부장관이 청구인들에게 주민투표 실시요구를 하지 않은 상태에서 청구인들에게 실시권한이 발생하였다고 볼 수는 없으므로 그 권한의 발생을 전제로 하는 침해 여지도 없어서 이를 다투는 청구는 부적법하다(2005. 12. 22. 2005헌라5).

Ⅳ. 청구기간

권한쟁의심판은 그 사유가 있음을 안 날로부터 60일 이내에, 그 사유가 있은 날로부터 180일 이내에 청구하여야 한다(법 제63조 제1항). 이 기간은 불변기간이다(법 제63조 제2항). 그러나 부작위로 인한 권한침해의 경우에는 부작위가 계속되는 한 기간의 제약 없이 청구할 수 있다.

Ⅴ. 심판의 이익

권한쟁의심판에서 심리 중 청구인에 대한 권한침해상태가 종료하여 취소될 여지가 없는 경우에도 헌법질서의 수호 및 유지를 위한 헌법적 해명이 긴요한 경우에는 심판청구의 이익을 인정할 수 있다(헌재 2003. 10. 30. 2002헌라1).

제6절 청구

Ⅰ. 심판청구서의 제출

권한쟁의심판청구는 청구서의 제출로 한다. 청구서에는 ① 청구인 또는 청구인이 속한 기관 및 심판수행자 또는 대리인의 표시, ② 피청구인의 표시, ③ 심판대상이 되는 피청구인의 처분 또는 부작위, ④ 청구 이유, ⑤ 그 밖에 필요한 사항을 기재하여야 한다(법 제64조).

II. 청구의 취하

청구인은 심판청구를 취하할 수 있다. 이 경우 민사소송법 제266조의 소의 취하에 관한 규정을 준용하여 피청구인이 소송상 필요한 서면을 제출하였거나 변론에서 진술을 한 경우에는 피청구인의 동의를 요한다고 보아야 한다.

심판청구가 취하되면 원칙적으로 심판의 이익이 소멸하고 심판절차는 종료된다고 보아야 할 것이다. 그러나 헌법재판은 헌법의 최고규범성을 전제로 하여 헌법을 실현하는 재판으로서 단순한 분쟁해결의 수단이 아니라 헌법적 가치의 실현을 통한 사회통합의 수단이라는 점에 비추어 볼 때 헌법질서의 수호·유지를 위하여 긴요한 사항으로서 그 해명이 헌법적으로 특히 중대한 의미를 가지고 있는 경우에는 예외적으로 본안 판단을 할 수 있다고 보아야 할 것이다.

제7절 권한쟁의의 심리

I. 심리의 방식

권한쟁의의 심판은 구두변론에 의한다(법 제30조 제1항). 재판부가 변론을 열 때에는 기일을 정하고 당사자와 관계인을 소환하여야한다(법 제30조 제3항).

II. 가처분

헌법재판소가 권한쟁의심판의 청구를 받았을 때에는 직권 또는 청구인의 신청에 의하여 종국결정의 선고 시까지 심판대상이 된 피청구인의 처분의 효력을 정지하는 결정을 할 수 있다(법 제65조). 법문은 처분의 효력을 정지하는 결정만을 규정하고 있으나 가처분신청의 목적을 달성하는 데 필요하다면 그 밖의 다른 내용의 결정도 할 수 있다고 보아야 할 것이다.

제8절 권한쟁의의 결정

I. 결정정족수

권한쟁의의 결정은 9인의 재판관으로 구성되는 재판부에서 재판관
7인 이상이 참석하여 참석재판관 중 과반수의 찬성으로써 한다(법
제23조).

II. 종국결정

1. 각하결정

권한쟁의심판청구가 그 요건을 갖추지 못하여 부적법한 경우에는
각하결정을 한다. 각하결정은 "이 사건 심판청구를 각하한다."라는
주문형식을 취한다.

2. 기각결정

권한쟁의심판청구가 적법하기는 하나 이유가 없는 때에는 기각결
정을 한다. 기각결정은 "이 사건 심판청구를 기각한다."라는 주문형
식을 취한다.

3. 심판절차종료선언

권한쟁의심판 도중에 청구인이 심판청구를 취하한 경우에는 소의 취하에 관한 민사소송법의 규정을 준용하여 심판절차종료를 선언한다(헌재 2001. 6. 28. 2000헌라1). 심판절차종료선언은 "이 사건 권한쟁의심판절차는 청구인의 심판청구의 취하로 ○○년 ○○월 ○○일 종료되었다."라는 주문형식을 취한다.

4. 인용결정

청구인의 청구가 이유 있을 때에는 인용결정을 한다. 헌법재판소는 심판의 대상이 된 국가기관 또는 지방자치단체의 권한의 유무 또는 범위에 관하여 판단한다(법 제66조 제1항). 그 경우에 헌법재판소는 권한침해의 원인이 된 피청구인의 처분을 취소하거나 그 무효를 확인할 수 있고, 헌법재판소가 부작위에 대한 심판청구를 인용하는 결정을 한 때에는 피청구인은 결정취지에 따른 처분을 하여야 한다(법 제66조 제2항). 따라서 권한쟁의심판에서는 2단계의 판단과 그에 따른 결정이 행해질 수 있다.

1) 권한의 유무 또는 범위 확인

헌법재판소는 관련 헌법 및 법률을 해석하여 심판의 대상이 된 국가기관 또는 지방자치단체가 특정한 권한을 보유하는지 여부와 그 보유 권한의 범위를 확인하는 결정을 한다(법 제66조 제1항). 이 경우 헌법재판소는 청구취지에 구애됨이 없이 판단한다. 이때 주문형식은 "……에 관한 권한은 청구인(또는 피청구인)에게 존재한다(또는 존재하지 않는다)."라고 취하는 것이 원칙일 것이다.

그런데 실제로는 청구인과 피청구인 간에 권한의 유무 내지 범위가 쟁점이 되기보다는 권한의 유무와 범위에 대해서는 다툼이 없고 피청구인의 권한 행사가 헌법 또는 법률에 위반되기 때문에 청구인의 권한이 침해되었는지 여부가 쟁점이 되는 경우가 다수일 것이다. 이러한 경우에는 "피청구인의 처분(또는 부작위)이 헌법(또는 법률)에 의하여 부여된 청구인의 ○○권한을 침해한 것이다."라는 주문형식을 취하게 된다.

2) 처분의 취소 또는 무효 확인

헌법재판소는 권한침해의 원인이 된 피청구인의 처분을 취소하거나 그 무효를 확인하는 결정을 할 수 있다(법 제66조 제2항). 권한의 유무 및 범위에 관한 판단은 헌법재판소가 필요적으로 판단해야 하지만 처분의 취소 또는 무효 확인에 관한 판단 여부는 헌법재판소의 재량에 달려있다. 처분의 취소결정과 무효확인결정의 차이가 문제되는데 헌법재판소는 행정법상의 무효인 행정행위와 취소할 수 있는 행정행위의 구별기준에 따라 처분이 중대하고 명백한 하자가 있는 경우에는 처분의 무효확인결정을 한다(헌재 1999. 7. 22. 98헌라4).

피청구인이 행한 두 차례의 인용재결에서 재결의 주문에 포함된 것은 골프연습장에 관한 것뿐으로서, 이 사건 진입도로에 관한 판단은 포함되어 있지 아니함이 명백하고, 재결의 기속력의 객관적 범위는 그 재결의 주문에 포함된 법률적 판단에 한정되는 것이다. 청구인은 인용재결내용에 포함되지 아니한 이 사건 진입도로에 대한 도시계획사업시행자지정처분을 할 의무는 없으므로, 피청구인이 이 사건 진입도로에 대하여까지 청구인의 불이행을 이유로 행정심판법 제37조 제2항에 의하여 도시계획사업시행자지정처분을 한 것은 인용재결의 범위를 넘어 청구인의 권한을 침해한 것으로서, 그 처분에 중대하고도 명백한 흠이 있어 무효라고 할 것이다(헌재 1999. 7. 22. 98헌라4).

처분의 취소결정은 "피청구인의 처분을 취소한다."는 주문형식을, 처분의 무효확인결정은 "피청구인의 처분이 무효임을 확인한다."라는 주문형식을 각 취한다.

3) 부작위의 경우

헌법재판소는 피청구인의 부작위로 인해 청구인의 권한이 침해되었다고 판단하면 부작위위법확인결정을 한다. 부작위위법확인결정은 "피청구인이 헌법(또는 법률)에 의한…… 작위의무를 이행하지 않아 청구인의 권한을 침해한 것은 위법임을 확인한다."라는 주문형식을 취한다. 헌법재판소가 부작위위법확인결정을 한 때에는 피청구인은 결정취지에 따른 처분을 하여야 한다(법 제66조 제2항).

Ⅲ. 결정의 효력

1. 피청구인에 대한 효력

헌법재판소가 권한침해를 인정하는 결정을 하면 피청구인은 위헌·위법성이 확인된 작위 또는 부작위를 되풀이하지 말아야 할 뿐만 아니라 자신이 야기한 기존의 위헌·위법상태를 제거하여 합헌·합법적 상태를 회복할 의무를 부담한다. 헌법재판소가 부작위에 대한 심판청구를 인용하는 결정을 한 때에는 피청구인은 결정취지에 따른 처분을 하여야 한다(법 제66조 제2항).

2. 기속력

헌법재판소의 권한쟁의심판의 결정은 모든 국가기관과 지방자치단체를 구속한다(법 제67조 제1항). 위헌법률심판의 경우 위헌결정, 헌법소원의 경우 인용결정에 대해서만 기속력을 갖는 반면 권한쟁의심판의 경우에는 실체적 판단이 없는 각하결정을 제외한 모든 결정에 대하여 기속력을 갖는다. 따라서 권한쟁의심판의 본안결정이 내려지면 모든 국가기관과 지방자치단체는 이에 관한 헌법재판소의 결정에 저촉되는 작위 또는 부작위를 할 수 없다.

3. 소급효의 제한

국가기관 또는 지방자치단체의 처분을 취소하는 결정은 그 처분의 상대방에 대하여 이미 생긴 효력에 영향을 미치지 아니한다(헌법 제 67조). 이는 법적 안정성의 견지에서 처분의 유효성을 믿은 제3자를 보호하기 위한 것이다.

4. 기타의 효력

권한쟁의심판의 경우에도 자기구속력(불가변력), 형식적 확정력(불가쟁력), 기판력이 발생한다.

제8장 헌법소원심판

제1절 총설

Ⅰ. 헌법소원의 의의

헌법소원이란 공권력의 행사 또는 불행사로 인하여 헌법상 보장된 기본권을 침해받은 자가 헌법재판소에 당해 공권력의 위헌여부심사를 청구하여 기본권을 구제받는 제도를 말한다.

현행법상의 헌법소원제도로는 권리구제형 헌법소원(법 제68조 제1항)과 위헌심사형 헌법소원(법 제68조 제2항)이 있다. 본래의 의미의 헌법소원이란 권리구제형 헌법소원을 말하고, 위헌심사형 헌법소원은 실질적으로는 위헌법률심판이라고 보아야 한다.

Ⅱ. 헌법소원의 기능

헌법소원은 개인의 주관적 기본권을 구제하는 기본권보장기능과 객관적 헌법질서를 수호하는 헌법질서보장기능을 수행한다. 이를 헌법소원제도의 이중적 기능이라 한다. 헌법재판소도 헌법소원제도의 이중적 기능을 인정하고 있다. 그리하여 심판청구가 주관적인 권리보호의 이익을 결여하고 있다 하더라도 그 해명이 헌법적으로 중대한 의미를 지니고 있는 경우에는 헌법소원의 이익을 인정한다(헌재 1997. 1. 16. 90헌마110).

제2절 권리구제형 헌법소원

Ⅰ. 의의

권리구제형 헌법소원이란 공권력의 행사 또는 불행사로 인하여 헌법상 보장된 기본권을 침해받은 자가 그 구제를 청구하는 헌법소원을 말한다(법 제68조 제1항).

Ⅱ. 심판의 청구

1. 청구권자

헌법소원심판을 청구할 수 있는 자는 기본권의 주체가 될 수 있는 자, 즉 기본권능력이 있는 자이다.

1) 자연인

대한민국 국적을 가진 자연인은 누구나 기본권의 주체가 되므로 당연히 헌법소원심판청구를 할 수 있다. 외국인 및 무국적자의 경우 자연권적 성질을 갖는 기본권에 한하여 예외적으로 헌법소원심판청구를 할 수 있다.

기본권은 일신전속적인 성질을 갖는 것이 보통이므로 청구인이 사망하는 경우 원칙적으로 헌법소원심판절차는 종료된다(헌재 1992. 11. 12. 90헌마33). 그러나 재산권 등 일신전속적인 성질이 약한 기본권의 경우에는 청구인의 사망 이후에도 그 상속인에 의한 수계가 가능하다고 할 것이다(헌재 1993. 7. 29. 92헌마234).

헌법소원심판을 청구할 당시의 전제되는 재판이 종료된 경우에도 헌법소원이 인용되면 헌법재판소법 제75조 제7항에 의하여 유죄의 확정판결에 대하여 재심을 청구할 수 있으므로 같은 법 제40조 민사소송법 제211조 제1항에 따라 청구인의 사망 후에 재심을 청구할 수 있는 자는 헌법소원심판절차를 수계할 수 있다. 그러나 수계할 당사자가 없거나 수계의사가 없는 경우에는 청구인의 사망에 의하여 헌법소원심판절차는 원칙적으로 종료된다고 할 것이고, 다만 수계의사표시가 없는 경우에도 이미 결정을 할 수 있을 정도로 사건이 성숙되어 있고, 그 결정에 의하여 유죄판결의 흠이 제거될 수 있음이 명백한 경우 등 특별히 유죄판결을 받은 자의 이익을 위하여 결정의 필요성이 있다고 판단되는 때에 한하여 종국결정을 할 수 있다(헌재 1994. 12. 29. 90헌바13).

2) 법인

(1) 사법인

사법상의 법인에게 기본권이 인정되는 경우에는 사법인도 헌법소원심판을 청구할 수 있다. 한편 법인이나 단체는 원칙적으로 단체 자신의 기본권을 직접 침해당한 경우에만 그의 이름으로 헌법소원심판을 청구할 수 있을 뿐이고 그 구성원을 위하여 또는 구성원을 대신하여 헌법소원심판을 청구할 수 없다(헌재 1991. 6. 3. 90헌마56).

사립학교법인이 아닌 사립학교 그 자체는 교육시설에 불과하므로 기본권 주체성이 인정되지 아니하여 헌법소원심판을 청구할 수 없다.

(2) 공법인

공권력의 행사자인 국가, 지방자치단체나 그 기관 또는 국가조직의 일부나 공법인은 기본권의 수범자이지 기본권의 주체가 아니고 오히려 국민의 기본권을 보호 내지 실현해야 할 책임과 의무를 지니고 있을 뿐이므로 원칙적으로 헌법소원심판을 청구할 수 없다. 헌법재판소도 이러한 관점에서 국회의 상임위원회, 국회의원, 지방자치단체, 지방의회, 지방자치단체장, 교육위원회의 교육위원, 농지개량조합 등에 대하여 헌법소원청구인적격이 없다고 판시했다.

다만 공권력의 주체라 할지라도 국·공립대학이나 공영방송국과 같이 국가에 대해 독립성을 가지고 있는 독자적인 기구로서 해당 기본권 영역에서 개인들의 기본권 실현에도 이바지하는 경우에는 예외적으로 기본권주체가 될 수 있으므로 헌법소원심판을 제기할 수 있다. 헌법재판소도 같은 입장이다(헌재 1992. 10. 1. 92헌마68 등).

국립대학인 서울대학교의 "94학년도 대학입학고사주요요강"은 사실상의 준비행위 내지 사전안내로서 행정쟁송의 대상이 될 수 있는 행정처분이나 공권력의 행사는 될 수 없지만 그 내용이 국민의 기본권에 직접 영향을 끼치는 내용이고 앞으로 법령의 뒷받침에 의하여 그대로 실시될 것이 틀림없을 것으로 예상되어 그로 인하여 직접적으로 기본권 침해를 받게 되는 사람에게는 사실상의 규범작용으로 인한 위험성이 이미 현실적으로 발생했다고 보아야 할 것이므로 이는 헌법소원의 대상이 되는 헌법재판소법 제68조 제1항 소정의 공권력의 행사에 해당된다고 할 것이며, 이 경우 헌법소원 외에 달리 구제방법이 없다(헌재 1992. 10. 1. 92헌마68 등).

3) 권리능력 없는 사단, 재단

권리능력 없는 사단이나 재단도 향유할 수 있는 기본권의 침해가 문제된 경우에는 헌법소원심판을 청구할 수 있다. 헌법재판소도 같은 입장이다(헌재 1991. 6. 3. 90헌마56).

> 우리 헌법은 법인의 기본권향유능력을 인정하는 명문의 규정을 두고 있지 않지만, 본래 자연인에게 적용되는 기본권규정이라도 언론·출판의 자유, 재산권의 보장 등과 같이 성질상 법인이 누릴 수 있는 기본권을 당연히 법인에게도 적용하여야 한 것으로 본다. 따라서 법인도 사단법인·재단법인 또는 영리법인·비영리법인을 가리지 아니하고 위 한계 내에서는 헌법상 보장된 기본권이 침해되었음을 이유로 헌법소원심판을 청구할 수 있다. 또한, 법인 아닌 사단·재단이라고 하더라도 대표자의 정함이 있고 독립된 사회적 조직체로서 활동하는 때에는 성질상 법인이 누릴 수 있는 기본권을 침해당하게 되면 그의 이름으로 헌법소원심판을 청구할 수 있다(헌재 1991. 6. 3. 90헌마56).

4) 정당

정당의 법적 성질에 대해서 사법상의 권리능력 없는 사단으로 보는 것이 일반적인 견해이다. 따라서 향유할 수 있는 기본권의 침해가 문제된 경우에는 헌법소원심판을 청구할 수 있다. 헌법재판소도 같은 입장이다(헌재 1991. 3. 11. 91헌마21).

> 시·도의회의원선거에서 정당이 후보자의 추천과 후보자를 지원하는 선거운동을 통하여 소기의 목적을 추구하는 경우, 평등권 및 평등선거원칙으로부터 나오는 (선거에 있어서의) 기회균등의 원칙은 후보자는 물론 정당에 대해서도 보장되는 것이므로 정당추천의 후보자가 선거에서 차등대우를 받는 것은 정당이 선거에서 차등대우를 받는 것과 같은 결과가 된다(헌재 1991. 3. 11. 91헌마21).

5) 노동조합

노동조합도 향유할 수 있는 기본권의 침해가 문제된 경우에는 헌법소원심판을 청구할 수 있다. 헌법재판소도 같은 입장이다(헌재 1999. 11. 25. 95헌마154).

> 노동조합이 근로자의 근로조건과 경제조건의 개선이라는 목적을 위하여 활동하는 한, 헌법 제33조의 단결권의 보호를 받지만, 단결권에 의하여 보호받는 고유한 활동영역을 떠나서 개인이나 다른 사회단체와 마찬가지로 정치적 의사를 표명하거나 정치적으로 활동하는 경우에는 모든 개인과 단체를 똑같이 보호하는 일반적인 기본권인 의사표현의 자유 등의 보호를 받을 뿐이다(헌재 1999. 11. 25. 95헌마154).

2. 변호사강제주의

1) 의의

헌법소원심판절차에 있어서 당사자인 사인은 변호사를 대리인으로 선임하지 아니하면 심판청구를 하거나 심판 수행을 하지 못한다. 다만 그가 변호사의 자격이 있는 때에는 그러하지 아니한다(법 제25조 제3항).

2) 국선대리인

헌법재판소는 헌법소원심판을 청구하려는 자가 변호사를 대리인으로 선임할 자력이 없어 헌법재판소에 국선대리인을 선임하여 줄 것을 신청하거나(법 제70조 제1항), 공익상 필요하다고 인정할 때에는 (법 제70조 제2항) 헌법재판소규칙으로 정하는 바에 따라 변호사 중에서 국선대리인을 선정한다. 다만, 그 심판청구가 명백히 부적법하거나 이유 없는 경우 또는 권리의 남용이라고 인정되는 경우에는 국선대리인을 선정하지 아니할 수 있다(법 제70조 제3항). 선정된 국선대리인은 선정된 날부터 60일 이내에 심판청구서를 헌법재판소에 제출하여야 한다(법 제70조 제5항).

3. 청구기간

1) 다른 법률에 의한 구제절차가 없는 경우

다른 법률에 의한 구제절차가 없거나 보충성의 예외에 해당하여 다른 법률에 의한 구제절차를 거칠 필요가 없는 경우에 헌법소원심판청구는 사유가 있음을 안 날로부터 90일 이내에, 사유가 있은 날로부터 1년 이내에 하여야 한다(법 제69조 제1항). 여기서 사유가 있음을 안 날이란 적어도 공권력행사에 의한 기본권침해의 사실관계를 특정할 수 있을 정도로 현실적으로 인식하여 심판청구가 가능해진 경우를 의미하고(헌재 1993. 7. 29. 89헌마31), 사유가 있은 날이란 공권력의 행사에 의해 기본권 침해가 발생한 날을 의미한다. 위 두 기간 중 어느 하나의 기간이라도 경과하게 되면 청구기간 도과로 부적법한 청구가 된다.

2) 다른 법률에 의한 구제절차를 거친 경우

다른 법률에 따른 구제절차를 거친 헌법소원의 심판은 그 최종결정을 통지받은 날부터 30일 이내에 청구하여야 한다(법 제69조 제1항).

3) 부작위에 대한 헌법소원의 경우

공권력의 불행사로 인한 기본권 침해는 그 불행사가 계속되는 한 청구기간의 제한을 받지 않으므로 언제든지 헌법소원심판 청구를 할 수 있다. 따라서 진정입법부작위 또는 진정행정입법부작위의 경우에는 부작위가 계속되는 한 기간의 제약 없이 적법하게 청구할 수 있다. 그러나 부진정입법부작위의 경우는 헌법재판소법이 정하는 청구기간 내에 헌법소원심판을 청구해야 한다.

4) 법령에 대한 헌법소원의 경우

(1) 법령의 시행과 동시에 기본권 침해를 받은 경우

법령의 시행과 동시에 기본권 침해를 받은 경우에는 그 법령이 시행된 사실을 안 날로부터 90일, 법령이 시행된 날로부터 1년 이내에 청구하여야 한다.

(2) 법령의 시행 후 기본권 침해를 받은 경우

법령이 시행된 후에 비로소 그 법령에 해당하는 사유가 발생하여 기본권 침해를 받은 경우에는 원칙적으로 그 사유가 발생하였음을 안 날로부터 90일, 그 사유가 있는 날로부터 1년 이내에 청구하여야 한다.

다만 헌법재판소는 청구인이 법령시행 후 이미 법령의 적용을 받아 법적 지위의 변동을 받고 있는 경우에는 법령시행일부터 청구기간을 기산해야 한다고 한다(헌재 2002. 1. 31. 2000헌마274).

우리 재판소의 결정례(헌재 1996. 3. 28. 93헌마198 판례집 8-1, 241)는, 법령에 대한 헌법소원의 청구기간은 법령이 시행된 후에 비로소 그 법령에 해당하는 사유가 발생한 경우에는 언제나 법령시행일이 아닌 해당사유발생일로부터 기산하여야 한다는 것이 아니라, 법령시행일을 청구기간 기산일로 하는 것이 기본권구제의 측면에서 부당하게 청구기간을 단축하는 결과가 되거나, 침해가 확실히 예상되는 때로부터 기산한다면 오히려 기산일을 불확실하게 하여 청구권의 유무를 불안정하게 하는 결과를 가져올 경우 등에는, 법령시행일이 아닌 법령이 적용될 해당사유가 발생하여 기본권침해가 비로소 현실화된 날부터 기산함이 상당하다는 취지이다. 청구인은 이 사건 법률조항의 시행으로 인하여 그 즉시 정년이 62세로 단축된 중등교원의 지위를 갖게 된 것이지, 이후 62세에 달하여 실제 정년퇴직에 이르러서야 비로소 기본권의 제한을 받게 되었다고 할 것은 아니므로, 청구기간의 기산점은 이 사건 법률조항의 공포일(시행일)로 보는 것이 타당하다(헌재 2002. 1. 31. 2000헌마274).

또한 법령의 시행에 유예기간을 둔 경우 그 법령에 의한 기본권 침해는 유예기간의 경과 후에 비로소 발생하는 것이 아니라 법령시행일에 이미 발생한다고 본다(헌재 1996. 12. 26. 95헌마383).

법률에 영업의 자유를 제한하는 규정을 신설하고, 관련 부칙 규정에 경과조치로서 유예기간을 둔 경우에는 그 법 시행으로 일정한 시점 이후부터는 영업을 할 수 없도록 제한하는 것이므로, 그 유예기간과 상관없이 법시행일로부터 기본권의 침해를 받는 것으로 보아야 한다(헌재 1996. 12. 26. 95헌마383).

(3) 청구기간과 상황성숙성 이론

상황성숙성 이론이란 기본권 침해가 현실적으로 발생하지는 않았지만 그 침해가 확실히 예상되는 때에는 이미 헌법판단에 적합할 정도의 실체적 요건이 성숙한 것으로 본다는 이론을 말한다. 상황성숙성 이론이 청구기간에도 적용되는지가 문제되는데 헌법재판소는 처음에는 상황성숙의 시점을 청구기간의 기산점으로 삼았다가 그 후 판례를 변경하여 상황성숙성 이론과 청구기간을 분리시켰다(헌재 1996. 3. 28. 93헌마198).

> 법령에 대한 헌법소원의 청구기간도 기본권을 침해받은 때로부터 기산하여야 할 것이지 기본권을 침해받기도 전에 그 침해가 확실히 예상되는 등 실체적 제요건이 성숙하여 헌법판단에 적합하게 된 때로부터 기산할 것은 아니므로, 법령의 시행과 동시에 기본권침해를 받은 자는 그 법령이 시행된 사실을 안 날로부터 60일 이내에, 그 법령이 시행된 날로부터 180일 이내에 청구하여야 할 것이나, 법령이 시행된 후에 비로소 그 법령에 해당하는 사유가 발생하여 기본권의 침해를 받게 된 경우에는 그 사유가 발생하였음을 안 날로부터 60일 이내에, 그 사유가 발생한 날로부터 180일 이내에 청구하여야 할 것이다. 따라서 종전에 이와 견해를 달리하여 법령에 대한 헌법소원의 청구기간의 기산점에 관하여 기본권의 침해가 확실히 예상되는 때로부터도 청구기간을 기산한다는 취지로 판시한 우리 재판소의 의견은 이를 변경하기로 한다(헌재 1996. 3. 28. 93헌마198).

5) 청구취지의 변경과 청구기간

헌법소원심판청구 후 청구취지가 변경된 때에는 헌법재판소법 제40조 제1항에 의해 준용되는 민사소송법 제265조에 따라 변경된 청구서가 제출된 시점을 기준으로 청구기간을 계산한다.

6) 국선대리인과 청구기간

헌법소원심판을 청구하고자 하는 자가 변호사를 대리인으로 선임할 자력이 없어 헌법재판소에 국선대리인의 선임신청을 한 경우에는 국선대리인의 선임신청이 있는 날을 기준으로 청구기간을 계산한다(법 제70조 제1항).

헌법소원심판을 청구하고자 하는 자가 국선대리인선임신청을 한 경우에 헌법재판소가 국선대리인을 선정하지 아니한다는 결정을 한 때에는 신청인이 선임신청을 한 날로부터 그 통지를 받은 날까지의 기간은 청구기간에 이를 산입하지 아니한다(법 제70조 제4항).

본인 명의의 심판청구서가 먼저 제출되었거나 국선대리인선임신청서와 함께 제출된 경우에는 심판청구서가 접수된 날을 기준으로 청구기간을 정한다.

7) 청구기간 도과와 정당한 사유

청구기간을 도과한 헌법소원심판청구는 원칙적으로 부적법하다. 그러나 헌법재판소법 제40조 제1항에 의해 준용되는 행정소송법 제20조 제2항 단서에 따라 청구기간을 도과한 헌법소원심판청구의 경우에도 정당한 사유가 있는 때에는 적법하다고 보아야 한다. 여기서 정당한 사유라 함은 청구기간 도과의 원인 등 여러 가지 사정을 종합하여 지연된 심판청구를 허용하는 것이 사회통념상으로 보아 상당한 경우를 뜻한다(헌재 1993. 7. 29. 89헌마31).

검사가 청구인에 대하여 기소유예처분을 함에 있어 그 처분사실을 통지하지 아니하고, 별도의 고지절차도 취하지 아니하였을 뿐만 아니라 사전에 청구인을 소환하여 조사하지도 않았고, 반성문이나 서약서조차 징구하지 아니했다면, 비록 피의자라 하더라도 그 불기소처분이 있음을 쉽게 알 수 있는 처지에 있다고는 할 수 없으므로 피의자였던 청구인은 불기소처분이 있음을 알지 못하는 데에 과실이나 책임이 있다고 할 수 없으므로, 청구인이 불기소처분사실을 알았거나 쉽게 알 수 있어서 심판청구기간 내에 심판청구가 가능했다는 특별한 사정이 없는 한 정당한 사유가 있는 때에 해당한다고 보아야 할 것이다(2001. 12. 20. 2001헌마39).

4. 청구의 취하

청구인은 헌법재판소의 결정 선고 시까지 심판청구를 취하할 수 있다.

1) 피청구인의 동의 여부

심판청구 취하의 경우 피청구인의 동의가 필요한지에 대하여 견해가 대립하는데 헌법소원심판의 구조가 대립적 구조인 점에 비추어 헌법재판소법 제40조에 따라 민사소송법 제266조의 소의 취하에 관한 규정을 준용하여 피청구인이 소송상 필요한 서면을 제출하였거나 변론에서 진술을 한 경우에는 피청구인의 동의를 요한다고 보아야 한다. 헌법재판소도 검사의 불기소처분에 대한 헌법소원심판절차에서 소의 취하에 관한 민사소송법의 규정이 준용된다고 판시했다(헌재 1995. 12. 15. 95헌마221 등).

2) 효과

청구가 취하되면 처음부터 소송이 계속되지 아니하였던 것이 되어 심판절차가 종료되는 것이 원칙이다. 그런데 청구의 취하가 있었음에도 예외적으로 본안 판단을 할 수 있는지에 대하여는 견해가 대립하고 있다.

(1) 견해의 대립

① 종료설: 심판청구가 취하되면 민사소송법의 소의 취하에 관한 규정이 준용되어 심판절차가 종료된다고 본다.

② 예외적 비종료설: 헌법소원심판절차에서도 심판청구가 취하되면 원칙적으로 심판절차가 종료되나 헌법질서의 수호·유지를 위하여 긴요한 사항으로서 그 해명이 헌법적으로 특히 중대한 의미를 가지고 있는 경우에는 예외적으로 본안 판단을 할 수 있다고 본다.

(2) 헌법재판소의 입장

헌법재판소는 검사의 불기소처분에 대한 헌법소원심판사건에서 심판청구의 취하로 심판절차는 종료된다고 했다(헌재 1995. 12. 15. 95헌마221 등).

> 헌법재판소법이나 행정소송법이나 헌법소원심판청구의 취하와 이에 대한 피청구인의 동의나 그 효력에 관하여 특별한 규정이 없으므로, 소의 취하에 관한 민사소송법 제239조는 검사가 한 불기소처분의 취소를 구하는 헌법소원심판절차에 준용된다고 보아야 한다. 따라서 청구인들이 헌법소원심판청구를 취하하면 헌법소원심판절차는 종료되며, 헌법재판소로서는 헌법소원심판청구가 적법한 것인지 여부와 이유가 있는 것인지 여부에 대하여 판단할 수 없게 된다(헌재 1995. 12. 15. 95헌마221 등).

(3) 소결

심판청구가 취하되면 원칙적으로 심판절차는 종료된다고 보아야
할 것이다. 그러나 헌법재판은 헌법의 최고규범성을 전제로 하여 헌
법을 실현하는 재판으로서 단순한 분쟁해결의 수단이 아니라 헌법적
가치의 실현을 통한 사회통합의 수단이라는 점에 비추어 볼 때 헌법
질서의 수호·유지를 위하여 긴요한 사항으로서 그 해명이 헌법적으
로 특히 중대한 의미를 가지고 있는 경우에는 예외적으로 본안 판단
을 할 수 있다고 보아야 할 것이다.

Ⅲ. 심판의 대상

1. 의의

헌법재판소법 제68조 제1항은 '공권력의 행사 또는 불행사'로 인
해 기본권을 침해받은 자는 헌법소원심판을 청구할 수 있다고 규정
하고 있다. 따라서 공권력의 행사 또는 불행사가 심판대상이 된다.
여기서 공권력이란 입법권·행정권·사법권을 행사하는 모든 국가기
관·공공단체 등의 고권적 작용을 말하는데(헌재 2001. 3. 21. 99헌
마139), 헌법소원의 본질상 대한민국의 국가기관 등의 공권력만을
의미하고 외국의 국가기관이나 국제기관의 공권력은 제외된다. 북한
의 공권력 작용 역시 헌법소원심판의 대상이 아니다.

헌법소원의 대상이 되는 공권력은 입법·행정·사법 등의 모든 기관뿐만 아니라. 간접적인 국가행정, 예를 들어 공법상의 사단. 재단 등의 공법인, 국립대학교와 같은 영조물 등의 작용도 포함된다. 대통령선거방송위원회는 공직선거법 규정에 의해 설립되고 동법에 따른 법적 업무를 수행하는 공권력의 주체이므로, 이 사건 결정 및 공표행위는 헌법소원의 대상이 되는 공권력의 행사이다(헌재 1998. 8. 27. 97헌마372).

2. 유형

1) 입법 작용

(1) 헌법규정

헌법규정이 헌법소원심판의 대상이 될 수 있는지가 문제되나 헌법의 의하여 설치된 헌법재판소가 그 존립의 기초가 되는 헌법규정을 심사하여 무효화한다는 것은 국민주권의 원리와 모순되므로 부정하여야 할 것이다. 헌법재판소도 헌법의 개별규정 자체는 헌법재판소법 제68조 제2항의 헌법소원에 의한 위헌심사의 대상이 아니라고 했다(헌재 1996. 6. 13. 94헌마118).

헌법 제111조 제1항 제1호, 제5호 및 헌법재판소법 제41조 제1항, 제68조 제2항은 위헌심사의 대상이 되는 규범을 '법률'로 명시하고 있으며, 여기서 '법률'이라고 함은 국회의 의결을 거쳐 제정된 이른바 형식적 의미의 법률을 의미하므로 헌법의 개별규정 자체는 헌법소원에 의한 위헌심사의 대상이 아니다(헌재 1996. 6. 13. 94헌마118).

(2) 법률

공권력에는 입법권도 포함되므로 입법 작용인 법률도 헌법소원의 대상이 된다. 따라서 법률이 별도의 집행행위를 기다리지 않고 직접적·현재적으로 기본권을 침해하는 경우에는, 바로 그 법률에 대한 헌법소원이 가능하다. 다만 문제가 된 법률에 근거한 구체적인 처분이 있는 경우에는 당해 법률에 의한 기본권침해의 직접성은 부인된다.

법률은 원칙적으로 현재 시행 중인 유효한 것이어야 한다. 그러나 법률이 공포되었지만 아직 시행되지 않고 있는 경우에도 청구인의 기본권 침해가 충분히 예측되는 경우에는 예외적으로 헌법소원의 대상이 된다(헌재 1994. 12. 29. 94헌마201).

또한 폐지된 법률이라도 위헌 여부에 관하여 아직 그 해명이 이루어진 바가 없고, 신법에서도 이와 유사한 내용을 규정하고 있는 경우에는 헌법소원의 대상이 된다(헌재 1995. 5. 25. 91헌마67).

지방의회의원선거에 있어서 정부투자기관 직원의 입후보를 제한하는 지방의회의원선거법 제35조 제1항 제6호의 위헌 여부에 관하여 아직 그 해명이 이루어진 바가 없고, 신법인 공직선거및선거부정방지법 제53조 제1항 제4호에서도 이 사건 규정부분과 유사한 내용을 규정하고 있다. 따라서 이 사건 분쟁의 해결은 위 신규정의 개정을 촉진하여 위헌적인 법률에 의한 기본권침해의 위험을 사전에 제거하는 등 헌법질서의 수호·유지를 위하여 긴요한 사항이어서 헌법적으로 그 해명이 중대한 의미를 지닌다고 할 것이므로, 결국 폐지된 위 법률규정에 대하여도 본안판단의 필요성이 인정된다(헌재 1995. 5. 25. 91헌마67).

한편 법률의 개폐는 입법기관의 소관사항이므로 헌법소원심판청구의 대상이 될 수 없다(헌재 1992. 6. 26. 89헌마132).

이 부분 청구는 헌법재판소법 제75조 제7항을 "민사법원에서의 재심판결에 판단유탈의 위법판결을 한 사실이 있을 때는 그 재심소송을 헌법재판소가 하여야 한다."로 개정하는 심판과 동법 동조 제4항을 폐지하는 심판을 구하는 청구이다. 이러한 법률의 개폐는 입법기관의 소관사항이므로 헌법소원심판청구의 대상이 될 수 없다. 청구인이 주장하는 헌법상의 청원권이나 청원법 제4조 제3호에 의한 법률개폐의 청원도 동법 제7조에 규정한바, 그 청원사항을 주관하는 관서, 즉 입법부에 제출하는 것이지 입법기관이 아닌 헌법재판소에 헌법소원의 방법으로 청원할 수 있는 것도 아니다(헌재 1992. 6. 26. 89헌마132).

(3) 입법부작위

입법부작위에는 진정입법부작위와 부진정입법부작위가 있다. 진정입법부작위란 처음부터 아무런 입법 작용이 없는 경우를 말하며, 부진정입법부작위란 헌법이 국회에 입법의무를 지우고 있고 이에 따라 국회가 법률을 제정 또는 개정하였지만 그것이 불완전하거나 불충분한 경우를 말한다.

헌법재판소는 진정입법부작위에 대한 헌법소원을 일정한 경우에 인정한다. 즉 진정입법부작위가 헌법소원의 대상이 되는 경우는 ① 헌법에서 기본권보장을 위해 법령에 명시적인 입법위임을 하였음에도 불구하고 이를 이행하지 않은 경우와, ② 헌법해석상 특정인에게 구체적인 기본권이 생겨 이를 보장하기 위한 국가의 행위의무가 발생하였음이 명백함에도 불구하고 입법자가 전혀 아무런 입법조치를 취하고 있지 않은 경우이다(헌재 1989. 3. 17. 88헌마1).

부진정입법부작위의 경우에는 법률이 존재하는 경우이므로 법률에 대한 헌법소원심판청구의 형식에 의해야 한다.

(4) 긴급명령, 긴급재정경제명령 및 조약

긴급명령, 긴급재정경제명령, 조약 등은 법률과 동일한 효력이 있으므로 이들이 헌법소원의 대상이 되는지 문제된다.

오늘날 통치행위도 헌법재판의 대상이 된다고 보는 것이 일반적인 견해이므로 긴급명령과 긴급재정경제명령이 직접 기본권을 침해한 경우에는 헌법소원의 대상이 된다고 본다. 헌법재판소도 긴급재정경제명령이 국민의 기본권을 직접 침해한 경우에는 헌법소원의 대상이 된다고 판시했다(헌재 1996. 2. 29. 93헌마186).

조약이 직접 국민의 기본권을 침해한 경우에는 그 국내법적 효력을 부인하는 것이 마땅하므로 헌법소원의 대상이 된다고 본다(헌재 2001. 3. 21. 99헌마139).

헌법소원심판의 대상이 되는 것은 헌법에 위반된 "공권력의 행사 또는 불행사"이다. 여기서 '공권력'이란 입법권·행정권·사법권을 행사하는 모든 국가기관·공공단체 등의 고권적 작용이라고 할 수 있는바, 이 사건 협정은 우리나라 정부가 일본 정부와의 사이에서 어업에 관해 체결·공포한 조약(조약 제1477호)으로서 헌법 제6조 제1항에 의하여 국내법과 같은 효력을 가지므로, 그 체결행위는 고권적 행위로서 '공권력의 행사'에 해당한다(헌재 2001. 3. 21. 99헌마139).

---

(5) 명령·규칙

명령·규칙에 대한 헌법소원도 법률의 경우와 마찬가지로 당해 명령·규칙이 직접 그리고 현실적으로 국민의 기본권을 침해하는 경우에는 헌법소원의 대상이 된다. 헌법재판소도 같은 입장이다(헌재 1990. 10. 15. 89헌마178).

헌법 제107조 제2항이 규정한 명령·규칙에 대한 대법원의 최종심사권이란 구체적인 소송사건에서 명령·규칙의 위헌 여부가 재판의 전제가 되었을 경우 법률의 경우와는 달리 헌법재판소에 제청할 것 없이 대법원이 최종적으로 심사할 수 있다는 의미이며, 명령·규칙 그 자체에 의하여 직접 기본권이 침해되었음을 이유로 하여 헌법소원심판을 청구하는 것은 위 헌법규정과는 아무런 상관이 없는 문제이다. 따라서 입법부·행정부·사법부에서 제정한 규칙이 별도의 집행행위를 기다리지 않고 직접 기본권을 침해하는 것일 때에는 모두 헌법소원심판의 대상이 될 수 있는 것이다(헌재 1990. 10. 15. 89헌마178).

한편 헌법재판소는 행정입법의 부작위의 경우 공권력의 주체에게 헌법에서 유래하는 작위의무가 특별히 구체적으로 규정되어 이에 의거하여 기본권 주체가 행정행위를 청구할 수 있음에도 공권력의 주체가 그 의무를 해태하는 경우에 헌법소원이 허용된다고 한다(헌재 2010. 5. 4, 2010헌마249).

소득세법 제154조 제5항의 '거주기간' 부분이 법원의 법률해석과는 달리 해석될 여지가 있다는 점만으로는 피청구인이 이 사건 시행령조항을 곧바로 폐지하여 거주기간 규정 자체를 없애야 할 작위의무가 인정된다고 보기 어렵고, 위 시행령 조항이 특정 지역의 부동산 투기를 억제하기 위한 입법목적도 가지고 있는 이상, '실거주 여부를 불문한다.'는 형태로 개정해야 할 법적 의무가 도출된다고 볼 수 없다(헌재 2010. 5. 4, 2010헌마249).

(6) 행정규칙

행정규칙은 일반적으로 행정조직내부에서만 효력을 가지는 것이고 대외적인 구속력을 갖는 것이 아니어서 원칙적으로 헌법소원의 대상이 아니다. 그러나 외부적인 효력을 가지는 것으로서 기본권을 직접 침해하는 경우에는 헌법소원의 대상이 된다. 헌법재판소는 ① 재량

준칙에 있어서 행정의 자기구속의 법리를 매개로 하여 대외적 구속력을 갖는 경우에는 행정규칙은 헌법소원의 대상이 될 수 있고(헌재 2011. 10. 25. 2009헌마588), ② 법령의 직접적인 위임에 따라 수임 행정기관이 그 법령을 시행하는 데 필요한 구체적 사항을 정한 경우에 그 행정규칙은 상위법령과 결합하여 대외적 구속력을 갖는 법규명령으로서의 기능을 가지므로 그 규칙은 헌법소원의 대상이 될 수 있다고 한다(헌재 1992. 6. 26. 91헌마25).

이 사건 전세자금 지원기준은 국토해양부장관이 국민주택기금 중 저소득세입자의 주거안정을 위한 저소득가구 전세자금 대출제도의 운용을 위하여 그 대출대상 및 대출 절차 등을 정하고 있는 행정규칙이므로 원칙적으로 헌법소원의 대상이 되는 '공권력의 행사'에 해당하지 않는다. 다만 행정규칙이 재량권행사의 준칙으로서 그 정한 바에 따라 되풀이 시행되어 행정관행을 이루게 되어 평등의 원칙이나 신뢰보호의 원칙에 따라 행정기관이 그 상대방에 대한 관계에서 그 규칙에 따라야 할 자기구속을 당하게 되는 경우에는 대외적인 구속력을 갖게 되어 헌법소원의 대상이 된다(헌재 2005. 5. 26. 2004헌마49, 판례집 17-1, 754, 761 참조). 이 사건 전세자금 지원기준 역시 그 직접적인 상대방은 기금수탁자인 농협중앙회와 우리은행이지, 기금의 운용에 따라 지원을 받는 국민은 아니다. 그러나 국민주택기금의 기금수탁자인 농협중앙회와 우리은행은 실질적으로 이러한 지원기준에 따라 전세자금 지원에 관한 사무를 처리할 수밖에 없고, 이 사건에서도 농협중앙회와 우리은행이 청구인들에게 각 대출자격이 없다고 결정한 것은 이들이 파산면책자로서 이 사건 심판대상조항에서 정한 신용관리대상자와 여신취급 제한대상자에 해당하기 때문이다. 그렇다면, 이 사건 심판대상조항은 대외적 구속력이 있는 공권력의 행사로서 헌법소원의 대상이 되는 공권력의 행사라고 보아야 할 것이다(헌재 2011. 10. 25. 2009헌마588).

(7) 조례

조례에 대한 헌법소원도 법률의 경우와 마찬가지로 당해 조례가 직접 그리고 현실적으로 국민의 기본권을 침해하는 경우에는 헌법소원의 대상이 된다. 헌법재판소도 같은 입장이다(헌재 1995. 4. 20.

92헌마264 등).

2) 행정작용

헌법소원심판의 보충성의 원칙으로 인해 사법적 불복절차가 없는 행정작용만이 헌법소원의 대상이 될 수 있으므로 행정작용에 대한 헌법소원의 가능성은 극히 제한적이다. 이 점과 관련하여 많은 비판이 제기되고 있다.

(1) 검사의 처분
① 불기소처분
㉠ 형사피해자에 의한 헌법소원: 2007년 개정된 형사소송법이 2008. 1. 1. 시행되기 전까지는 재정신청이 공무원의 직무관련 범죄에 한정되었으므로 불기소처분에 대한 헌법소원이 폭넓게 인정되었다. 그런데 현행 형사소송법에서는 재정신청의 대상범죄가 모든 범죄로 확대됨에 따라 불기소처분에 대한 헌법소원심판청구는 허용되지 않게 되었다. 즉 현행법상 형사피해자인 고소인은 검찰청에의 항고를 거친 후 고등법원에 재정신청을 제기할 수 있을 뿐이다. 헌법재판소는 재정신청을 경유하지 않은 불기소처분에 대한 헌법소원(헌재 2008. 7. 8. 2008헌마479)은 물론 재정신청을 경유한 불기소처분에 대한 헌법소원도 허용하지 않는다(헌재 2008. 7. 29. 2008헌마487).

개정 형사소송법 제260조 제1항에 의하면, 고소권자로서 고소를 한 자(형법 제
123조부터 제125조까지의 죄에 대하여는 고발을 한 자를 포함한다)는 검사로
부터 공소를 제기하지 아니한다는 통지를 받은 때에는 그 검사 소속의 지방검찰
청 소재지를 관할하는 고등법원에 그 당부에 관한 재정을 신청할 수 있고, 개정
형사소송법 부칙 제5조 제1항에 따르면, 위 법 시행 전에 검찰청법에 따라 항
고 또는 재항고를 제기할 수 있는 사건에 대하여도 적용된다. 이 사건은 청구인
이 2007. 12. 26.경 피청구인으로부터 이 사건 불기소처분을 통지받고 개정
형사소송법 시행 당시까지 항고를 제기하지 않았으나 항고기간이 경과하지 아니
하여 위 법 시행 전에 검찰청법에 따라 항고를 제기할 수 있는 경우에 해당하
므로, 청구인으로서는 이 사건 불기소처분에 대하여 관할 고등법원에 재정신청
을 하여 그 당부를 다툴 수 있다. 그런데 청구인은 위와 같은 재정신청절차를
거치지 않은 채 곧바로 이 사건 심판을 청구하였으므로, 이 사건 심판청구는 헌
법재판소법 제68조 제1항 단서에 위반하여 법률이 정한 구제절차를 모두 거치
지 않고 제기된 것이어서 부적법하다(헌재 2008. 7. 8. 2008헌마479).
원행정처분에 대한 헌법소원심판청구를 받아들여 이를 취소하는 것은, 원행정
처분을 심판대상으로 삼았던 법원의 재판이 예외적으로 헌법소원심판대상이 되
어 그 재판 자체까지 취소되는 경우에 한하고, 법원의 재판이 취소되지 아니하
는 경우에는 확정판결의 기판력으로 인하여 원행정처분 그 자체는 헌법소원심
판의 대상이 되지 아니하며, 이와 같은 법리는 검사의 불기소처분에 대하여 법
원의 재정신청절차를 거친 경우에도 마찬가지로 적용되어야 한다(헌재 2008.
7. 29. 2008헌마487).

한편 고발사건의 경우 재정신청대상이 되는 형법 제123조 내지
제125조의 범죄 외의 사건은 고발인이 재판절차진술권을 침해받은
형사피해자인 경우에 항고·재항고를 거친 후 헌법소원심판청구를
할 수 있다.

또한 고소·고발하지 않은 형사피해자는 검사의 불기소처분에 대
하여 항고·재항고를 거쳐 재정신청을 할 수 없으므로 보충성의 예
외가 인정되어 헌법소원심판청구를 할 수 있다.

ⓛ 피의자에 의한 헌법소원: 피의자는 기소유예처분은 물론 기소
중지처분에 대해서도 헌법소원심판청구를 할 수 있다. 그러나 죄가

안됨처분이나 공소권없음처분은 피의자의 헌법상의 기본권을 침해하는 공권력의 행사라고 할 수 없으므로 이에 대해서는 헌법소원심판청구를 할 수 없다.

② 기소처분: 헌법재판소는 검사의 기소처분의 경우에는 당해 형사재판절차에 의하여 권리구제가 가능하므로 독립하여 헌법소원의 대상이 될 수 없다고 한다(헌재 1992. 6. 24. 92헌마104). 검사의 약식명령청구도 마찬가지로 본다.

③ 내사종결처분: 헌법재판소는 진정에 기하여 이루어진 내사종결처분에 대하여 불만이 있는 경우 따로 고소나 고발을 할 수 있는 것이므로 헌법소원의 대상이 될 수 없다고 한다(헌재 1990. 12. 26. 89헌마277).

④ 수사재기결정: 헌법재판소는 수사재기결정은 수사기관 내부의 의사결정에 불과하여 피의자의 기본권을 침해하는 것이 아니므로 헌법소원의 대상이 될 수 없다고 한다(헌재 1996. 2. 29. 96헌마32 등).

⑤ 공소취소처분: 헌법재판소는 검사의 공소취소처분에 따른 법원의 공소기각결정이 확정된 경우에는 원래의 공소제기로 인한 소송계속상태가 회복될 수 있는 가능성이 없으므로 공소취소처분의 취소를 구하는 헌법소원심판청구는 할 수 없다고 한다(헌재 1997. 3. 27. 96헌마219).

(2) 권력적 사실행위

권력적 사실행위의 경우 학설은 그 처분성을 인정하지만 판례상으로는 행정소송의 대상인지 여부가 정립되지 아니하여 행정소송에 의한 권리구제가 불확실하므로 직접 헌법소원을 제기할 수 있다고 본다. 헌법재판소도 '국제그룹해체사건'에서 권력적 사실행위의 경우에는 보충성의 원칙의 예외로서 헌법소원의 제기가 가능하다고 판시한 바 있다(헌재 1993. 7. 29. 89헌마31). 또한 교도소장의 미결수용자에 서신검열·지연발송·지연교부행위(헌재 1995. 7. 21. 92헌마144), 교도소 내 접견실의 칸막이 설치행위(헌재 1997. 3. 27. 92헌마273), 구치소장의 미결수용자에 대한 재판 출정 시 재소자용 의류착용행위(헌재 1999. 5. 27. 97헌마137 등), 군수의 폐기물사업장에 대한 과다감사행위(헌재 2003. 12. 18. 2001헌마754), 교육인적자원부장관의 대학총장들에 대한 학칙시정요구행위(헌재 2003. 6. 26. 2002헌마337 등) 등의 경우에 헌법소원심판의 대상성을 인정했다.

재무부장관이 제일은행장에 대하여 한 국제그룹의 해체준비착수지시와 언론발표 지시는 상급관청의 하급관청에 대한 지시가 아님은 물론 동 은행에 대한 임의적 협력을 기대하여 행하는 비권력적 권고·조언 등의 단순한 행정지도로서의 한계를 넘어선 것이고, 이와 같은 공권력의 개입은 주거래 은행으로 하여금 공권력에 순응하여 제3자 인수식의 국제그룹 해체라는 결과를 사실상 실현시키는 행위라고 할 것으로, 이와 같은 유형의 행위는 형식적으로 사법인인 주거래 은행의 행위였다는 점에서 행정행위는 될 수 없더라도 그 실질이 공권력의 힘으로 재벌기업의 해체라는 사태변동을 일으키는 경우인 점에서 일종의 권력적 사실행위로서 헌법소원의 대상이 되는 공권력의 행사에 해당한다(헌재 1993. 7. 29. 89헌마31).

그러나 비권력적 사실행위는 국민에 대하여 직접적인 법률효과를 발생시키지 않으므로 원칙적으로 헌법소원심판청구의 대상이 되지 않는다.

피청구인이 2002. 2. 1. 발송한 '선거법위반행위에 대한 중지촉구' 공문은 그 형식에 있어서 '안내' 또는 '협조요청'이라는 표현을 사용하고 있으며, 또한 그 내용에 있어서도 청구인이 계획하는 행위가 공선법에 위반된다는, 현재의 법적 상황에 대한 행정청의 의견을 단지 표명하면서, 청구인이 공선법에 위반되는 행위를 하는 경우 피청구인이 취할 수 있는 조치를 통고하고 있을 뿐이다. 따라서 피청구인의 2002. 2. 1.자 '중지촉구' 공문은 국민에 대하여 직접적인 법률효과를 발생시키지 않는 단순한 권고적, 비권력적 행위로서, 헌법소원의 심판대상이 될 수 있는 '공권력의 행사'에 해당하지 않으므로, '선거법위반행위에 대한 중지촉구'에 대한 이 사건 심판청구는 부적법하다(헌재 2003. 2. 27. 2002헌마106).

청구인들이 토요일에 사법시험을 실시하더라도 일몰 후 청구인들만 따로 모아서 별도로 시험을 볼 수 있는지 질의한 것은 법적인 신청권에 근거한 것이 아니라 단순한 질의 내지 민원성 요청에 불과한 것이고, 이에 대하여 받아들일 수 없는 제안이라는 취지로 법무부 법조인력과에서 답변한 것은 청구인들의 요청이 허용될 수 없다는 사정을 알려 준 것에 불과하고 이로 인하여 청구인들의 법률상의 지위에 불리한 변동이나 이익의 침해가 생기는 것이 아니므로 그 자체가 독립하여 헌법소원의 대상이 되는 공권력의 행사에 해당한다고 볼 수 없다(헌재 2010. 6. 24. 2010헌마41).

(3) 행정청의 부작위

공권력의 불행사에 대하여도 헌법소원심판을 청구할 수 있으므로 행정청의 부작위도 헌법소원의 대상이 된다. 헌법재판소는 행정청의 부작위에 대한 헌법소원의 경우에 있어서는 공권력의 주체에게 헌법에서 유래하는 작위의무가 특별히 구체적으로 규정되어 이에 의거하여 기본권의 주체가 행정행위 내지 공권력의 행사를 청구할 수 있음에도 공권력의 주체가 그 의무를 해태하는 경우에 한하여 허용된다고 했다. 따라서 기본권의 침해가 없는 단순한 부작위는 헌법소원의 대상이 될 수 없다(헌재 2010. 4. 20, 2010헌마189).

행정권력의 부작위에 대한 헌법소원은 공권력의 주체에게 헌법에서 유래하는 작위의무가 특별히 구체적으로 규정되어 이에 의거하여 기본권의 주체가 행정 행위 내지 공권력의 행사를 청구할 수 있음에도 공권력의 주체가 그 의무를 해 태하는 경우에 한하여 허용되며, 여기서 말하는 "공권력의 주체에게 헌법에서 유래하는 작위의무가 특별히 구체적으로 규정되어"가 의미하는 바는 헌법상 명 문으로 공권력 주체의 작위의무가 규정되어 있는 경우, 헌법의 해석상 공권력 주체의 작위의무가 도출되는 경우, 공권력 주체의 작위의무가 법령에 구체적으 로 규정되어 있는 경우 등을 포괄하고 있는 것으로 볼 수 있다. 건축법 제79 조는 시정명령에 대하여 규정하고 있으나, 동법이나 동법 시행령 어디에서도 일반국민에게 그러한 시정명령을 신청할 권리를 부여하고 있지 않을 뿐만 아니 라, 피청구인에게 건축법 위반이라고 인정되는 건축물의 건축주 등에 대하여 시정명령을 할 것인지와, 구체적인 시정명령의 내용을 무엇으로 할 것인지에 대하여 결정할 재량권을 주고 있으며, 달리 이 사건에서 시정명령을 해야 할 법적 의무가 인정된다고 볼 수 없다(헌재 2010. 4. 20. 2010헌마189).

　　행정청의 부작위에 대하여는 법원에 부작위위법확인소송을 제기할 수 있으므로 헌법소원의 보충성이 문제되는데, 전심절차로 권리가 구제될 가능성이 거의 없거나 권리구제절차가 허용되는지 여부가 객 관적으로 불확실하여 전심절차의 이행가능성이 없을 때에는 보충성 의 예외에 해당하여 헌법소원심판청구는 적법하다고 할 것이다(헌재 1995. 7. 21. 94헌마136).

행정심판 및 행정소송의 대상이 되는 "부작위"가 성립되기 위하여는 ① 당사 자의 신청의 존재를 전제로 ② 행정청이 상당한 기간 내에 ③ 일정한 처분을 하여야 할 법률상(혹은 조리상) 의무가 있음에도 불구하고 ④ 그 처분을 하지 아니할 것이 필요하고, 여기에서 적법한 신청이란 법령에 의거한 신청을 뜻하 는 것으로서 법령이 당사자가 행정청에 대하여 일정한 신청을 할 수 있음을 명 문으로 규정한 경우뿐만 아니라 법해석상 당해규정이 특정인의 신청을 전제로 하는 것이라고 인정되는 경우의 당해신청을 말하는 것이나, 공정거래법은 고발 에 대한 이해관계인의 신청권을 인정할 수 있는 규정을 두고 있지 아니할 뿐만 아니라. 법해석상으로도 공정거래위원회의 고발권 행사가 청구인의 신청이나 동의 등의 협력을 요건으로 하는 것이라고 보아야 할 아무런 근거도 없다. 그렇다면 이 사건 심판대상 행정부작위는 더 나아가 살필 여지도 없이 행정심판 내지 행정소송의 대상이 되는 "부작위"로서의 요건을 갖추지 못했다고 할 것이므로 이러한 경우에도 청구인에게 위와 같은 행정쟁송절차의 사전 경유를 요구한다면 이는 무용한 절차를 강요하는 것으로 되어 부당하다고 하지 아니할 수 없다. 따라서 청구인이 이 사건 심판대상 행정부작위에 대하여 위와 같은 행정쟁송절차의 경유 없이 곧바로 헌법소원심판청구를 한 것은 보충성의 예외로서 적법하다고 보아야 할 것이다(헌재 1995. 7. 21. 94헌마136).

한편 헌법재판소는 지방자치단체가 임야조사서, 토지조사부에 대한 청구인의 열람·복사 신청에 불응한 사실상의 부작위에 대해서도 헌법소원의 대상성을 인정한 바 있으나(헌재 1989. 9. 4. 88헌마22), 현재는 공공기관의정보공개에관한법률의 시행으로 행정소송의 대상이 된다고 할 것이다.

(4) 행정청의 거부행위

국민의 신청에 대한 행정청의 거부행위가 헌법소원심판의 대상인 공권력의 행사가 되기 위해서는 국민이 행정청에 대하여 신청에 따른 행위를 해 줄 것을 요구할 수 있는 권리가 있어야 한다(헌재 1999. 10. 21. 98헌마407).

국민의 신청에 대한 행정청의 거부행위가 헌법소원심판의 대상인 공권력의 행사가 되기 위해서는 국민이 행정청에 대하여 신청에 따른 행위를 해 줄 것을 요구할 수 있는 권리가 있어야 하는바, 헌법이나 도시계획법 어디에서도 행정청에 대하여 도시계획의 폐지를 신청하거나 도시계획결정으로 인한 보상을 청구할 수 있는 권리를 규정하고 있지 않으므로, 도시계획의 폐지 그 보상을 거부한 행정청의 행위는 헌법재판소법 제68조 제1항 소정의 공권력행사에 해당한다고 볼 수 없다(헌재 1999. 10. 21. 98헌마407).

(5) 행정기관의 내부적 의사결정

행정기관의 내부적 의사결정은 국민의 권리의무에 직접 어떠한 영향을 미치지 않는 행위이므로 원칙적으로는 헌법소원의 대상이 되지 않으나 국민의 권리의무에 직접 영향을 미치는 경우에는 예외적으로 헌법소원의 대상이 된다. 헌법재판소는 세무대학장의 교수재임용추천 거부행위에 대한 헌법소원사건에서 대법원 판례가 행정기관의 내부적 의사결정을 행정소송의 대상에서 제외시켜 왔으므로 이러한 경우는 보충성의 원칙에 반하지 아니한다고 하여 헌법소원의 대상이 된다고 했다(헌재 1993. 5. 13. 91헌마190).

(6) 행정청의 사법상 행위

행정청의 행위가 공법상의 행정처분이 아니라 사경제주체로서 행하는 사법상의 법률행위에 지나지 않는 경우에는 공권력의 행사 또는 불행사에 해당하지 아니하므로 헌법소원의 대상이 아니다. 헌법재판소도 공공용지의취득및손실보상에관한특례법에 의한 토지 등의 협의취득에 따르는 보상금의 지급행위는 사법상의 행위로서 헌법소원의 대상이 아니라고 했다(헌재 1992. 11. 12. 90헌마160).

(7) 행정행위

① 권력적 행정행위: 권력적 행정행위는 공권력의 행사로서 헌법소원의 대상이 됨은 물론이다. 그러나 보충성의 원칙으로 인하여 먼저 행정쟁송을 제기하여 그에 대한 확정판결을 받아야 하는데 그 확정판결은 헌법소원의 대상으로 삼을 수 없으므로 결국 권력적 행정행위의 경우 헌법소원으로 구제받을 길이 거의 없게 된다.

② 원행정처분: 이른바 원행정처분, 즉 법원의 재판을 거쳐 확정된

행정처분에 대하여 헌법소원심판을 청구할 수 있는지가 문제된다. 학설은 긍정설과 부정설이 대립하고 있다. 헌법재판소는 원칙적으로는 원행정처분에 대한 헌법소원심판을 부정하고 예외적으로 원행정처분을 심판의 대상으로 삼았던 법원의 재판 자체가 취소되는 경우에 한하여 헌법소원심판청구가 가능하다고 한다(헌재 2001. 2. 22. 99헌마409).

행정처분의 취소를 구하는 행정소송이 확정된 경우에 그 원행정처분의 취소를 구하는 헌법소원심판 청구를 받아들여 이를 취소하는 것은, 원행정처분을 심판의 대상으로 삼았던 법원의 재판이 예외적으로 헌법소원심판의 대상이 되어 그 재판자체가 취소되는 경우에 한하여 국민의 기본권을 신속하고 효율적으로 구제하기 위하여 가능한 것이고, 이와는 달리 법원의 재판이 취소되지 아니하는 경우에는 확정판결의 기판력으로 인하여 원행정처분은 헌법소원심판의 대상이 되지 아니하며, 뿐만 아니라 원행정처분에 대한 헌법소원심판청구를 허용하는 것은 "명령·규칙 또는 처분이 헌법이나 법률에 위반되는 여부가 재판의 전제가 된 경우에는 대법원은 이를 최종적으로 심사할 권한을 가진다."고 규정한 헌법 제107조 제2항이나, 원칙적으로 헌법소원심판의 대상에서 법원의 재판을 제외하고 있는 헌법재판소법 제68조 제1항의 취지에도 어긋난다(헌재 2001. 2. 22. 99헌마409).

(8) 행정계획

구속적 행정계획은 물론 비구속적 행정계획도 국민의 기본권에 직접 영향을 미치고 장차 법령의 뒷받침에 의하여 그대로 실시될 것이 틀림없을 것으로 예상되는 경우에는 공권력의 행사로서 헌법소원 심판의 대상이 된다. 헌법재판소는 서울대학교의 94학년도 대학입학고사 주요요강과 같이 행정계획안(사실상의 준비행위 내지 사전안내)이라도 그 내용이 국민의 기본권에 직접 영향을 미치는 내용이고 앞으로 법령의 뒷받침에 의하여 그대로 실시될 것이 틀림없을 것으로 예상될 수 있는 것일 때에는 그로 인하여 직접적으로 기본권침해를 받게 되는 사람에게는 사실상의 규범작용으로 인한 위험성이 이미 발생했다고 보아야 할 것이므로 헌법소원의 대상이 된다고 했다(헌재 1992. 10. 1. 92헌마68 등).

(9) 통치행위

대법원은 비상계엄선포행위는 통치행위로서 사법심사의 대상이 되지 않는다고 하였으나, 헌법재판소는 통치행위라도 국민의 기본권을 침해하는 경우에는 헌법소원의 대상이 된다고 보았다(헌재 1996. 2. 29. 93헌마186).

> 대통령의 긴급재정경제명령은 국가긴급권의 일종으로서 고도의 정치적 결단에 의하여 발동되는 행위이고 그 결단을 존중하여야 할 필요성이 있는 행위라는 의미에서 이른바 통치행위에 속한다고 할 수 있으나, 통치행위를 포함하여 모든 국가작용은 국민의 기본권적 가치를 실현하기 위한 수단이라는 한계를 반드시 지켜야 하는 것이고, 헌법재판소는 헌법의 수호와 국민의 기본권보장을 사명으로 하는 국가기관이므로 비록 고도의 정치적 결단에 의하여 행해지는 국가작용이라고 할지라도 그것이 국민의 기본권 침해와 직접 관련되는 경우에는 당연히 헌법재판소의 심판대상이 된다(헌재 1996. 2. 29. 93헌마186).

3) 법원의 재판

(1) 위헌 여부

헌법재판소법 제68조 제1항은 법원의 재판을 헌법소원심판청구의 대상에서 제외하고 있는데 이에 대하여는 법원의 재판이 헌법소원심판의 대상이 되는지의 문제와 관련하여 그 위헌성 여부가 문제되고 있다.

① 견해의 대립

㉠ 합헌설: 법원의 재판을 헌법소원의 대상에 포함시킨다면 대법원 위에 제4심을 신설하는 결과가 되어 부당할 뿐 아니라 헌법은 법률에 헌법소원의 개념정의를 위임하였고(제111조 제1항 제5호), 이에 따라 법률이 우리 현실에 맞게 동 조항을 규정한 것이므로 합헌이다.

㉡ 위헌설: 헌법소원심판은 헌법심으로서 사실심과 법률심을 주임무로 하는 일반재판과 그 본질이 다르므로 위헌설의 첫 번째 논거는 설득력이 없을 뿐 아니라, 헌법이 법률에 헌법소원의 개념정의를 위임했다 하더라도 이는 헌법소원의 본질 및 기능을 최대한 보장하는 방향으로 입법하라는 뜻이지 입법자에게 백지위임한 것은 아니므로 헌법소원의 본질 및 기능에 부합하지 않는 동 조항은 위헌이다.

② 헌법재판소의 입장: 헌법재판소법 제68조 제1항은 원칙적으로 헌법에 위반되는 것이 아니지만 동조항의 '법원의 재판'에 헌법재판소가 위헌으로 결정한 법령을 적용함으로써 국민의 기본권을 침해한 재판도 포함되는 것으로 해석하는 한도에서 헌법에 위반된다고 한다(헌재 1997. 12. 24. 96헌마172 등).

③ 결어: 헌법소원제도는 사법권에 의한 기본권침해에 대한 방어수단으로 창안·발전된 것으로서 그 본질은 재판통제에 있다고 할 것이다. 독일의 경우 법원의 재판이 헌법소원의 주된 대상이 되고 있다는 점이 이를 웅변으로 보여 주고 있다. 헌법재판소법 제68조 제1항 단서의 보충성의 원칙도 헌법소원제도가 재판통제를 그 본질로 함을 나타내는 것이다. 한편 법원이 권력의 남용을 통제하고 국민의 기본권을 보장해야 한다는 헌법적 사명을 망각한 상태에서 실정법을 기계적으로 적용하는 재판을 하는 경우 국민에게 미치는 부

정적 영향은 이루 말할 수 없이 크다. 그럼에도 법원의 재판을 헌법소원의 대상에서 제외한다면 현행법상 이를 구제할 방법이 없다는 난점이 있다. 따라서 위헌설이 타당하다고 본다.

(2) 헌법재판소법 제68조 제1항의 재판의 범위

헌법재판소는 헌법재판소법 제68조 제1항에서 규정하고 있는 법원의 재판의 범위에 대하여 그 범위에는 사건을 종국적으로 해결하기 위한 종국판결 외에 본안전 소송판결 및 중간판결이 모두 포함되는 것이고 기타 소송절차의 파생적·부수적인 사항에 대한 공권적 판단도 포함되는 것으로 일반적으로 보고 있다고 판시했다(헌재 1992. 12. 24. 90헌마158). 헌법재판소는 이러한 관점에서 재판장의 소송지휘 또는 재판진행, 법원의 회사정리계획의 인가결정, 법원의 기피신청에 대한 각하결정, 법원의 위헌제청신청 기각결정은 모두 법원의 재판에 해당하여 헌법소원심판청구의 대상이 될 수 없다고 했다.

(3) 예외적으로 허용되는 경우

헌법재판소는 헌법재판소가 위헌으로 선고한 법률을 적용함으로써 국민의 기본권을 침해한 재판에 대해서는 헌법소원심판 청구가 가능하다고 본다. 한편 헌법재판소의 위헌결정은 장래효만 있을 뿐이므로 법원이 헌법재판소의 위헌결정 이전에 그 법률을 적용하여 선고한 판결은 헌법재판소가 위헌으로 결정한 법령을 적용하여 국민의 기본권을 침해한 재판에 해당하지 아니하므로 그에 대한 헌법소원심판청구는 부적법하다고 했다(헌재 1998. 7. 16. 95헌마77).

3. 기본권의 침해

헌법소원심판청구는 헌법상 보장된 기본권이 침해되었음을 그 요건으로 한다.

1) 헌법상 보장된 기본권

(1) 의의

헌법상 보장된 기본권이란 주로 헌법 제2장 '국민의 권리와 의무'에 규정된 기본권을 말하나 거기에만 국한되지는 않는다. 예컨대 헌법 제8조의 정당조항, 헌법 제116조의 선거관리조항도 헌법상 보장된 기본권의 근거가 될 수 있다. 나아가 제도적 보장에 의해 보호되는 기본권의 침해 역시 헌법소원의 대상이 된다. 따라서 헌법이 보장하는 기본권은 개별 헌법규정의 해석을 통해 도출되는 것이라 할 수 있다.

> 지방자치단체의 폐치·분합에 관한 것은 지방자치단체의 자치행정권 중 지역고권의 보장문제이나, 대상지역 주민들은 그로 인하여 인간다운 생활공간에서 살 권리, 평등권, 정당한 청문권, 거주이전의 자유, 선거권, 공무담임권, 인간다운 생활을 할 권리, 사회보장·사회복지수급권 및 환경권 등을 침해받게 될 수도 있다는 점에서 기본권과도 관련이 있어 헌법소원의 대상이 될 수 있다(헌재 1994. 12. 29. 94헌마201).

헌법상 보장된 기본권이 침해되어야 하므로 헌법상의 권리가 아닌 법률상의 권리나 국제법상 보장된 권리가 침해된 경우에는 헌법소원의 대상이 되지 않는다. 헌법재판소는 지방자치법이 규정하는 주민투표권은 헌법이 보장하는 참정권이 아니라 단순한 법률상의 권리에 불과하다는 이유로 헌법소원의 대상이 될 수 없다고 했고(헌재 2001. 6. 28. 2000헌마735), 지방자치단체 주민으로서의 자치권 또는 주민권은 헌법에 의하여 직접 보장된 개인의 주관적 공권이 아니어서, 그 침해만을 이유로 하여 국가사무인 고속철도의 역의 명칭 결정의 취소를 구하는 헌법소원심판을 청구할 수 없다고 했다(헌재 2006. 3. 30. 2003헌마837).

또한 변호인 자신의 구속된 피의자·피고인과의 접견교통권은 헌법상의 권리라고는 말할 수 없으며 단지 형사소송법 제34조에 의하여 비로소 보장되는 권리임이 그친다고 했다(헌재 1991. 7. 8. 89헌마181).

(2) 기본권 침해의 의미

기본권 침해란 공권력의 행사 또는 불행사로 인해 헌법상 보장된 기본권의 내용 내지 보호영역에 대하여 제한이 가해지는 것을 말한다. 헌법소원심판은 헌법상 보장된 기본권을 침해받은 자가 청구할 수 있는데, 여기서 '헌법상 보장된 기본권을 침해받은 자'라는 것은 '헌법상 보장된 기본권을 침해받았다고 주장하는 자'로 해석하여야 하므로 헌법소원 청구인은 공권력 주체의 자신의 기본권에 대한 침해·제한행위가 위헌적인 것임을 구체적으로 명확하게 주장해야 한다. 그러므로 헌법소원 청구인이 기본권침해의 가능성을 확인할 수 있을 정도의 구체적 주장을 하지 않고 막연하고, 모호한 주장만을 하는 경우에는 그 청구는 부적법한 것이 된다(헌재 2007. 1. 16. 2006헌마1458).

4. 법적 관련성

헌법재판소는 공권력의 행사 또는 불행사로 인해 자신의 기본권이 직접 그리고 현재 침해된 자만이 헌법소원심판을 청구할 수 있다고 한다. 즉 헌법소원심판의 청구인은 침해의 자기관련성·직접성·현재성이라는 법적관련성을 구비하여야 한다.

1) 자기관련성

(1) 의의

헌법소원심판청구는 심판청구인 자신의 기본권이 침해당한 경우라야 할 수 있다. 제3자의 기본권침해에 대해서는 헌법소원심판을 청구할 수 없음이 원칙이다. 따라서 제3자가 자신의 이름으로 타인의 이익을 위해 헌법소원심판 청구를 하는 이른바 제3자의 소송담당은 허용되지 않는다. 예컨대 단체의 경우 단체 자신의 기본권 침해가 아닌 그 구성원의 기본권 침해를 이유로 헌법소원심판을 청구할 수 없다(헌재 2011. 4. 28. 2010헌마602).

> 출판사나 간행물 판매업자들의 이익증진을 위하여 구성된 사단법인 대한출판문화협회 등 사단법인 청구인들은 사단법인 자체의 기본권이 침해당하고 있음을 이유로 하여 이 사건 헌법소원심판을 청구한 것이 아니고, 각 사단법인에 소속된 회원들이 이 사건 심판대상 규칙으로 말미암아 헌법상 보장된 재산권 및 직업행사의 자유를 침해당하고 있음을 이유로 하여 이 사건 헌법소원심판을 청구하고 있으므로 기본권침해 여부를 다툴 자기관련성이 결여되었다(헌재 2011. 4. 28. 2010헌마602).

또한 기본권 침해의 공권력 작용에 간접적·사실적 또는 경제적인 이해관계가 있을 뿐인 제3자 또는 반사적 불이익을 받는 제3자 등은 자기관련성이 없어 헌법소원심판 청구를 할 수 없다. 예컨대 후보자는 자신이 선거운동원으로 활용하고자 하는 자의 선거운동을 금하고 있는 법률규정의 위헌여부를 다투고자 하더라도 이는 후보자 자신의 법적 지위에 대한 직접적 침해가 아니므로 기본권 침해의 자기관련성이 없어 다툴 수가 없다(헌재 1997. 9. 25. 96헌마133). 헌법재판소는 이러한 관점에서 불기소처분과 고발인(헌재 1989. 12. 22. 89헌마145), 의료사고에 대한 불기소처분과 생존한 의료사고 피해자의 아버지(헌재 1993. 11. 25. 93헌마81), 대학교의 신입생자격제한과 대학교 재학생(헌재 1997. 3. 27. 94헌마277), 주식회사에 대한 법적 규제와 회사의 대표자(헌재 2000. 12. 14. 2000헌마308), 세무대학 설치법폐지법률과 세무대학 진학 준비 중인 학생(헌재 2001. 2. 22. 99헌마613), 백화점 셔틀버스 운행금지와 백화점 소비자(헌재 2001. 6. 28. 2001헌마132), 법학전문대학원 설치 예비인가 배제결정과 법과대학 교수들(헌재 2008. 11. 27. 2008헌마372) 등의 자기관련성을 인정하지 않았다.

(2) 제3자의 자기관련성

헌법재판소는 법의 목적 및 실질적인 규율대상, 법규정에서의 제한이나 금지가 제3자에게 미치는 효과나 진지성의 정도 등을 종합적으로 고려하여 예외적으로 제3자의 자기관련성을 인정하고 있다. 예컨대 광고회사에 소속된 광고인들은 사전심의제도의 규율을 받는 직접 상대방은 아니나 사실상 심의기준의 제약을 받고 있으므로 방송광고 사전심의를 규정한 법령에 의하여 기본권침해의 자기관련성을 갖는다(헌재 1998. 11. 26. 94헌마207). 또한 국민건강보험법 부칙 제6조 및 제7조의 직접적인 수규자는 직장의료보험조합이나, 법규정이 내포하는 불이익이 수규자의 범위를 넘어 제3자인 직장의료보험조합의 조합원들에게도 유사한 정도의 불이익을 가져오므로 조합원들의 자기관련성이 인정된다(헌재 2000. 6. 29. 99헌마289).

2) 직접성

(1) 의의

헌법소원심판청구는 청구인의 기본권이 직접 침해당한 경우라야 할 수 있다. 따라서 공권력의 행사 또는 불행사로 인하여 간접적으로 또는 반사적으로 불이익을 받은 자는 헌법소원을 제기할 수 없다.

(2) 법령에 대한 헌법소원에서의 직접성

직접성은 특히 법령에 대한 헌법소원에서 문제가 되는바, 법률 또는 법률조항 자체가 헌법소원의 대상이 될 수 있으려면 그 법률 또는 법률조항에 의하여 구체적인 집행행위를 기다리지 아니하고 직접·현재·자기의 기본권을 침해받아야 하는 것을 요건으로 하고, 여기서 말하는 기본권 침해의 직접성이란 집행행위에 의하지 아니하고 법률 그 자체에 의하여 자유의 제한, 의무의 부과, 권리 또는 법적 지위의 박탈이 생긴 경우를 뜻하므로, 구체적인 집행행위를 통하여 비로소 당해 법률 또는 법률조항에 의한 기본권 침해의 법률효과가 발생하는 경우에는 직접성의 요건이 결여된다(헌재 2010. 11. 25. 2009헌마146). 한편 집행행위에는 입법행위도 포함되므로 법률 규정이 그 규정의 구체화를 위하여 하위규범의 시행을 예정하고 있는 경우에는 당해 법률 규정의 직접성은 부인된다(헌재 1996. 2. 29. 94헌마213).

법령에 근거한 구체적인 집행행위가 재량행위인 경우에는 법령은 집행기관에게 기본권침해의 가능성만을 부여할 뿐 법령 스스로가 기본권의 침해행위를 규정하고 행정청이 이에 따르도록 구속하는 것이 아니고, 이때의 기본권침해는 집행기관의 재량권의 행사에 의하여 비로소 이루어지고 현실화되므로 이러한 경우에는 법령에 의한 기본권 침해의 직접성이 인정될 여지가 없다(헌재 2003. 7. 24. 2003헌마3).

그러나 예외적으로 집행행위가 존재하는 경우라도 그 집행행위를 대상으로 하는 구제절차가 없거나 구제절차가 있다고 하더라도 권리구제의 기대가능성이 없고 다만 기본권침해를 당한 청구인에게 불필요한 우회절차를 강요하는 것밖에 되지 않는 경우에는 당해 법률을 헌법소원의 직접 대상으로 삼을 수 있다(헌재 1997. 8. 21. 96헌마48).

국가보안법 제19조에 따른 수사기관의 구속기간연장허가신청에 대한 지방법원 판사의 허가결정에 대하여는 형사소송법상 항고, 준항고, 즉시항고 등의 불복방법이 마련되어 있지 아니하다. 즉 구속기간연장을 허가하는 지방법원판사는 "독립된 재판기관"(강학상 수임판사)으로서 "수소법원"에 해당되지 아니하여 형사소송법 제402조에 의한 항고의 대상도 되지 아니하고, "재판장 또는 수명법관"에도 해당되지 아니하여 형사소송법 제416조에 의한 준항고의 대상도 되지 아니하며, 또한 구속기간의 연장허가는 형사소송법 제403조 제2항이 정하는 "판결 전의 소송절차"에 있어서의 구금에 관한 결정에도 해당되지 아니하여 위 규정에 의한 항고도 할 수 없다. 나아가서 형사소송법 제214조의2가 규정하고 있는 구속적부심사의 경우를 보더라도 구속적부심사의 대상에 여기에서 문제로 되고 있는 "수사를 계속함에 상당한 이유가 있는지의 여부"도 포함되는 것인지, 이론과 실무상의 관행이 확립되어 있지 아니한 상황 아래에서 사전적인 권리구제절차로서 구속적부심사를 반드시 거쳐 오는 것을 기대할 수 없으며, 더욱이 구속기간의 연장은 10일 이내라고 하는 단기간에 걸쳐서 행해지는 것인데, 그럼에도 불구하고 국가보안법 제19조의 규정의 위헌성을 다투기 위하여는 먼저 구속적부심사의 청구를 하고 그 과정에서 위 법률조항의 위헌성 여부를 다투어 위헌여부심판의 제청신청을 하고 그 제청신청이 기각된 경우에는 다시 헌법재판소법 제68조 제2항의 규정에 따라 헌법소원심판을 청구하도록 하는 것은, 이러한 절차가 10일이라고 하는 단기간 내에 모두 이루어지리라고 예상하기 어려운 상황에서 청구인들로 하여금 이러한 절차를 거친 후에 헌법소원심판을 청구하도록 하는 것은 권리구제의 기대가능성이 없는 불필요한 우회절차를 요구하는 것밖에 되지 아니한다. 따라서 국가보안법 제19조는 다른 구제절차를 거칠 것 없이 직접 헌법소원심판청구의 대상으로 삼을 수 있는 법률이라 할 것이다(헌재 1997. 8. 21. 96헌마48).

한편, 국민에게 일정한 행위의무 또는 행위금지의무를 부과하는 법규정을 정한 후 이를 위반할 경우 제재수단으로서 형벌 또는 행정벌 등을 부과할 것을 정한 경우에, 그 형벌이나 행정벌의 부과를 위 직접성에서 말하는 집행행위라고는 할 수 없다. 국민은 별도의 집행행위를 기다릴 필요 없이 제재의 근거가 되는 법률의 시행 자체로 행위의무 또는 행위금지의무를 직접 부담하는 것이기 때문이다. 다시 말하면 설령 형벌의 부과를 구체적인 집행행위라고 보더라도, 이러한 법규범을 다투기 위하여 국민이 이 법규범을 실제로 위반하여 재판을 통한 형벌이나 벌금부과를 받게 되는 위험을 감수할 것을 국민에게 요구할 수 없기 때문이다(헌재 1998. 3. 26. 97헌마194).

3) 침해의 현재성

(1) 의의

헌법소원심판청구는 청구인의 기본권이 현재 침해당한 경우라야 할 수 있다. 따라서 과거에 기본권 침해가 있었으나 헌법소원심판을 청구할 당시에는 이미 그 침해가 종료되었다면 원칙적으로 기본권 침해를 이유로 헌법소원심판청구를 할 수 없다. 그러나 과거의 기본권 침해라고 하더라도 침해행위가 반복될 가능성이 있고 헌법적으로 긴요한 사항이어서 심판이익이 인정되는 경우에는 예외적으로 헌법 소원심판청구를 할 수 있다. 또한 장래에 잠재적으로 나타날 수도 있는 기본권 침해에 대하여도 원칙적으로 기본권 침해를 이유로 헌 법소원심판청구를 할 수 없다. 그러나 미래에 발생하는 기본권 침해 라도 그 침해가 현재 확실하게 예측이 된다면 기본권 구제의 실효성 을 위해 현재성을 인정할 수 있다.

(2) 현재성이 인정된 사례

국립대학인 서울대학교의 "94학년도 대학입학고사주요요강"은 사실상의 준비 행위 내지 사전안내로서 행정쟁송의 대상이 될 수 있는 행정처분이나 공권력의 행사는 될 수 없지만 그 내용이 국민의 기본권에 직접 영향을 끼치는 내용이고 앞으로 법령의 뒷받침에 의하여 그대로 실시될 것이 틀림없을 것으로 예상되어 그로 인하여 직접적으로 기본권 침해를 받게 되는 사람에게는 사실상의 규범작 용으로 인한 위험성이 이미 현실적으로 발생했다고 보아야 할 것이므로 이는 헌법소원의 대상이 되는 헌법재판소법 제68조 제1항 소정의 공권력의 행사에 해당된다고 할 것이며, 이 경우 헌법소원 외에 달리 구제방법이 없다(헌재 1992. 10. 1. 92헌마68 등).
대구직할시 수성갑구 출신 국회의원인 청구외 박○언이 특정범죄가중처벌에관 한법률위반(알선수재)사건으로 징역형을 선고받아 국회의원의 자격이 상실됨에 따라 1994. 8. 2. 위 지역에서 국회의원 보궐선거가 실시되었는데, 청구인이 그 전인 1994. 5.경 헌법소원심판청구를 한 사안에서 이 사건 심판대상조항에 의한 기본권 침해가 형사사건의 상고심에서 원심대로 형이 확정되어야 현실적으 로 발생하는 것이더라도 여러 사정에 비추어 법률심인 상고심에서 원심판결이 번복될 가능성이 객관적으로 많지 않은 것으로 보이는 이상 기본권 구제의 실효 성을 위하여 침해의 현재성을 인정할 수 있다(헌재 1995. 11. 30. 94헌마97).
청구인은 예비신랑으로서 비록 현재 기본권을 침해받고 있지는 않으나, 가정의 례에관한법률 제4조 제1항 제7호의 규정으로 인하여 1998. 10. 17. 결혼식 때에는 하객들에게 주류 및 음식물을 접대할 수 없는 불이익을 받게 되는 것이 현재 시점에서 충분히 예측할 수 있으므로 이 사건 심판청구는 현재성의 예외 인 경우로서 적법하다(헌재 1998. 10. 15. 98헌마168).

청구인에 대한 증권거래법위반죄의 유죄판결이 미확정의 상태에 있어 기본권의 제한이 아직 현실화된 것은 아니지만 형사재판절차가 현재 계속 중에 있어 기본권제한의 가능성이 구체적으로 현출된 단계에 있는 이 사건과 같은 경우에는 신속한 기본권구제를 위하여 현재 기본권이 침해되고 있는 경우와 마찬가지로 헌법소원이 허용된다고 할 것이다(헌재 2001. 3. 21. 99헌마150).

(3) 현재성이 부인된 사례

청구인은 형사소송법 제260조 제1항에서 재정신청의 대상이 되는 범죄를 형법 제123조 내지 제125조에 규정한 범죄에만 한정하고 그 밖의 범죄에 대한 검사의 불기소처분에 대해서는 사법적 심사의 길을 봉쇄하여 결국 검찰을 특수계급화함으로써 평등의 원칙을 규정한 헌법에 위반했다는 것이다. 그런데 이 사건 기록에 의하더라도 청구인은 그 자신이 고소 또는 고발을 한 사실이 없을 뿐 아니라(다만 청구인은 사회정화위원회에 고발장 형식의 서면을 낸 사실이 있으나 이는 형사소송법에서 규정한 고발이라 할 수 없고, 따라서 이에 대한 불기소 처분 또한 내려진 사실이 없다) 청구인이 장차 언젠가는 위와 같은 형사소송법의 규정으로 인하여 권리침해를 받을 우려가 있다 하더라도 그러한 권리침해의 우려는 단순히 장래 잠재적으로 나타날 수도 있는 것에 불과하여 권리침해의 현재성을 구비했다고 할 수 없다(헌재 1989. 7. 21. 89헌마12).

5. 보충성

1) 보충성의 원칙

(1) 의의

헌법소원심판은 다른 법률에 구제절차가 있는 경우에 그 절차를 모두 거친 후가 아니면 청구할 수 없는데 이를 헌법소원의 보충성이라고 한다(법 제68조 제1항 단서). 즉 헌법소원의 보충성이란 헌법소원이 그 본질상 헌법상 보장된 기본권침해에 대한 예비적이고 보충적인 구제수단이므로 공권력 작용으로 말미암아 기본권의 침해가 있는 경우에는 먼저 다른 법률이 정한 절차에 따라 침해된 기본권의 구제를 받기 위한 모든 수단을 다하였음에도 그 구제를 받지 못한 경우에 비로소 헌법소원심판을 청구할 수 있다는 것을 의미한다(헌재 1993. 12. 23. 92헌마247).

(2) 구제절차의 의미

여기서 말하는 구제절차는 공권력의 행사·불행사를 직접 대상으로 하여 그 효력을 다툴 수 있는 권리구제절차를 의미하는 것이지 사후적·보충적 구제수단인 손해배상청구나 손실보상청구를 의미하는 것은 아니다.

또한 그 권리구제절차는 적법한 구제절차를 의미한다. 예컨대 권리구제절차에 정해진 신청기간을 넘겨 신청했다면 그 구제절차를 적법하게 거친 것이 아니므로 보충성의 요건을 갖추지 못한 것이 되어 헌법소원심판청구는 부적법하게 된다. 이는 부적법한 절차경유를 통한 청구기간의 부당한 연장을 막기 위함이다.

(3) 하자의 치유

헌법재판소는 보충성 요건의 하자가 있더라도 헌법재판소의 심리 종결 시까지 권리구제절차를 거쳤을 때에는 그 하자가 치유될 수 있다고 한다(헌재 1996. 3. 28. 95헌마211).

2) 보충성의 예외

(1) 사전에 권리구제절차를 거칠 것을 기대하기가 어려운 경우

헌법재판소는 다른 법률에 구제절차가 있는 경우에도 헌법소원심판청구인이 정당한 이유 있는 착오로 전심절차를 밟지 않은 경우, 전심절차로 권리가 구제될 가능성이 거의 없거나, 권리구제절차가 허용되는지 여부가 불확실하여 전심절차이행의 기대가능성이 없는 경우에는 보충성의 예외로서 바로 헌법소원심판을 청구할 수 있다고 한다(헌재 1989. 9. 4. 89헌마22).

(2) 다른 법률에 구제절차가 없는 경우

다른 법률에 구제절차가 없는 경우에는 보충성의 원칙이 적용되지 않으며 바로 헌법소원심판을 청구할 수 있다. 헌법재판소는 법령에 대한 헌법소원의 경우에는 법령 자체의 효력을 직접 다투며 일반법원에 소송을 제기할 길이 없어 구제절차가 있는 경우가 아니므로 바로 헌법소원을 제기할 수 있다고 한다. 또한 기본권을 침해하는 공권력 작용이 행정소송의 대상이 되는 행정처분이 아니라는 대법원의 일관된 판례가 있는 경우에도 헌법소원을 제기할 수 있다. 이와 관련된 헌법재판소의 판례는 다음과 같다.

대법원은 입법부작위에 대한 행정소송의 적법 여부에 관하여 "행정소송은 구체적 사건에 대한 법률상 분쟁을 법에 의하여 해결함으로써 법적 안정을 기하자는 것이므로 부작위위법확인소송의 대상이 될 수 있는 것은 구체적 권리의무에 관한 분쟁이어야 하고, 추상적인 법령에 관하여 제정의 여부 등은 그 자체로서 국민의 구체적인 권리의무에 직접적 변동을 초래하는 것이 아니어서 행정소송의 대상이 될 수 없다(대판 1992. 5. 8. 91누11261)."고 판시하고 있다. 따라서 진정입법부작위의 경우 다른 구제절차가 없는 경우이므로 보충성의 예외에 해당한다(헌재 1998. 7. 16. 96헌마246).

세무대학장의 재임용추천거부행위와 같은 총·학장의 임용제청이나 그 철회는 행정기관 상호간의 내부적인 의사결정 과정일 뿐 행정소송의 대상이 되는 행정처분이라고 볼 수 없다는 것이 대법원의 일관된 판례이므로 세무대학장이 청구인의 교수 재임용추천을 하지 아니한 공권력 불행사의 위헌여부를 다투는 청구인이 행정소송을 거치지 아니하고 바로 헌법소원심판을 청구했다고 하더라도 소원심판청구의 적법요건인 보충성의 원칙에 반하지 아니한다(헌재 1993. 5. 13. 91헌마190).

권력적 사실행위가 행정처분의 준비단계로서 행하여지거나 행정처분과 결합된 경우에는 행정처분에 흡수·통합되어 불가분의 관계에 있다 할 것이므로 행정처분만이 취소소송의 대상이 되고, 처분과 분리하여 따로 권력적 사실행위를 다툴 실익은 없다. 그러나 권력적 사실행위가 항상 행정처분의 준비행위로 행하여지거나 행정처분과 결합되는 것은 아니므로 그러한 사실행위에 대하여는 다툴 실익이 있다할 것임에도 법원의 판례에 따르면 일반쟁송 절차로는 다툴 수 없음이 분명하다. 이 사건 감사는 행정처분의 준비단계로서 행하여지거나 처분과 결합된 바 없다. 그렇다면, 이 사건 감사는 행정소송의 대상이 되는 행정행위로 볼 수 없어 법원에 의한 권리구제절차를 밟을 것을 기대하는 것이 곤란하므로 보충성의 원칙의 예외로서 소원의 제기가 가능하다(헌재 2003. 12. 18. 2001헌마754).

구속된 피의자가 검사조사실에서 수갑 및 포승을 사용한 상태로 피의자신문을 받도록 한 이 사건 수갑 및 포승 사용행위는 이미 종료된 권력적 사실행위로서 행정심판이나 행정소송의 대상으로 인정되기 어려워 헌법소원심판을 청구하는 외에 달리 효과적인 구제방법이 없으므로 보충성의 원칙에 대한 예외에 해당한다(헌재 2005. 5. 26. 2001헌마728).

한편 지목변경신청반려행위가 항고소송의 대상이 되는 처분행위에 해당한다는 변경된 대법원 판례에 따르면, 지목변경신청반려행위에 대하여 행정소송을 거치지 않고 제기된 헌법소원심판청구는 보충성의 요건을 흠결하여 각하되어야 한다(헌재 2005. 9. 13. 2005헌마829).

세법상의 명문 규정이 있는 외에는 조리상의 경정청구권을 인정할 수 없으며 개별세법에 근거하지 아니한 납세의무자의 경정청구를 거절했다 하여 이를 두고 항고소송의 대상이 되는 거부처분이라 할 수 없다는 것이 법원의 일관된 판례인 이상, 위 거부처분에 대하여는 행정쟁송을 통한 구제의 길이 없고 달리 다른 법률에 구제절차가 있는 것도 아니므로 그에 대하여 바로 헌법소원을 청구했다고 하여 보충성의 요건에 반한다고 할 수 없다(헌재 2000. 2. 24. 97헌마13).

공정거래법은 고발에 대한 이해관계인의 신청권을 인정하는 규정을 두고 있지 아니할 뿐만 아니라, 법해석상으로도 공정거래위원회의 고발권 행사가 청구인의 신청이나 동의 등의 협력을 요건으로 하는 것이라고 보아야 할 아무런 근거도 없으므로 행정부작위는 행정심판 내지 행정소송의 대상이 되는 "부작위"로서의 요건을 갖추지 못했다고 할 것이므로 그에 대하여 바로 헌법소원을 청구했다고 하여 보충성의 요건에 반한다고 할 수 없다(헌재 1995. 7. 21. 94헌마136).

형사피의자로 입건되었던 자가 기소유예처분을 받고 스스로 무고함을 주장하는 경우 법률상 구제절차가 없는 경우에 해당하므로 헌법재판소에 직접 제소하는 것이 가능하다(헌재 1992. 11. 12. 91헌마146).

6. 권리보호의 이익

1) 의의

헌법소원은 국민의 침해된 기본권을 구제하는 제도이므로 그 제도의 목적상 당연히 권리보호의 이익이 있는 경우라야 제기할 수 있다. 따라서 청구인의 목적이 달성된 경우에는 권리보호이익이 존재하지 않는다고 본다.

권리보호이익은 소송제도에 필연적으로 내재하는 요청으로 헌법소원제도의 목적상 필수적인 요건이라고 할 것이어서 이로 인하여 본안판단을 받지 못한다고 하여도 재판을 받을 권리의 본질적인 부분에 대한 침해가 있다고 보기 어렵다. 다만, 권리보호이익을 지나치게 좁게 인정하면 헌법재판소의 본안판단의 부담을 절감할 수는 있지만 반면에 재판을 받을 권리를 부당하게 박탈하는 결과에 이르게 될 것이므로 권리보호이익을 판단함에 있어 다른 분쟁의 해결수단, 행정적 구제·입법적 구제의 유무 등을 기준으로 신중히 판단하여야 할 것인바, 헌법재판소는 비록 권리보호이익이 없을 때에도 반복위험이나 헌법적 해명이 필요한 경우에는 본안판단을 할 수 있는 예외를 인정하고 있다. 따라서 헌법소원심판청구의 적법요건 중의 하나로 권리보호이익을 요구하는 것이 청구인의 재판을 받을 권리를 침해한다고 볼 수는 없다(헌재 2001. 9. 27. 2001헌마152).

2) 공소시효의 경우

검사의 불기소처분의 취소를 구하는 헌법소원에 있어 대상이 되는 범죄에 대한 공소시효가 이미 완성된 경우에는 권리보호이익이 없어 부적법하다(헌재 1989. 4. 17. 88헌마3). 한편 헌법소원사건이 심판에 회부된 경우라고 하더라도 심판대상인 피의사실에 대한 공소시효는 정지되지 아니한다(헌재 1993. 9. 27. 92헌마284).

반면 기소유예처분을 받은 피의자가 검사의 피의사실의 인정에 불복하고 자기의 무고함을 주장하여 헌법소원을 제기한 경우 그 피의사실에 대한 공소시효가 완성된 때에는 공소권없음 처분이 기소유예처분보다 피의자에게 유리한 것이므로 권리보호이익이 없다고 할 수 없다(1997. 5. 29. 95헌마188).

3) 사정변경의 경우

교원에 대하여 복수노조설립을 금지하는 교육법 시행령이 헌법소원 심판청구 이후에 폐지되었고, 교원의노동조합설립및운영등에관한 법률에 의하여 교원에게 복수 노동조합의 설립을 허용하게 되는 사정변경이 생긴 경우 권리보호의 이익이 없다(헌재 1999. 7. 22. 96헌마141).

4) 권리보호이익의 요건 완화

헌법소원은 개인의 주관적 권리보호 이외에도 객관적 헌법질서를 보장하기 위한 제도이므로 청구인 개인의 주관적 목적달성과는 거리가 있다 하더라도 그러한 침해행위가 앞으로도 반복될 위험이 있거나 당해 분쟁의 해결이 헌법질서의 수호·유지를 위하여 긴요한 사항이어서 헌법적으로 그 해명이 중대한 의미를 지니고 있는 경우에는 권리보호이익을 적극적으로 인정하여야 할 것이다.

청구인들의 변호인들이 이 사건 수사서류에 대하여 이미 열람·등사를 마쳤으므로, 이 사건 헌법소원이 인용된다고 하더라도 청구인들의 주관적 권리구제에는 더 이상 도움이 되지 않는다. 그러나 형사소송법이 2007. 6. 1. 법률 제8496호로 개정됨에 따라 공소제기 후 검사가 보관하고 있는 수사서류 등에 대하여 피고인의 열람·등사신청권이 인정되고, 검사의 열람·등사 거부처분에 대한 불복절차가 마련되었는바, 이 사건의 경우 이러한 불복절차에 따른 법원의 열람·등사 허용 결정에 대하여 검사가 따르지 않은 경우로서 이 사건과 유사한 사건에 대하여 헌법적 해명이 이루어진 바 없고, 이 사건과 같은 유형의 침해행위가 앞으로도 반복될 가능성이 크다고 할 것이므로, 비록 청구인들의 주관적 권리보호의 이익이 소멸하였다 하더라도 이 사건 심판청구에 있어서는 심판의 이익이 여전히 존재한다(헌재 2010. 6. 24. 2009헌마257).

청구인의 기본권을 침해한 피청구인의 위헌적인 공권력의 행사는 취소되어야
할 것이나 취소되어야 할 공권력의 행사는 이미 종료되었으므로 이를 취소하는
대신 위헌적인 공권력의 행사가 또다시 반복될 수 있는 위헌성을 제거하기 위
하여 그리고 변호인의 조력을 받을 권리의 내용을 명백히 하기 위하여 피청구
인의 공권력의 행사에 대하여 선언적 의미에서 위헌임을 확인한다(헌재 1992.
1. 28. 91헌마111).

Ⅳ. 심판절차

1. 헌법소원심판청구서의 제출

헌법소원심판청구는 헌법소원심판청구서를 헌법재판소에 제출함으
로써 한다(법 제26조 제1항). 헌법소원의 심판청구서에는 ① 청구인
및 대리인의 표시, ② 침해된 권리, ③ 침해의 원인이 되는 공권력
의 행사 또는 불행사, ④ 청구 이유, ⑤ 그 밖에 필요한 사항을 기
재하여야 한다(법 제71조 제1항). 헌법소원의 심판청구서에는 대리인
의 선임을 증명하는 서류 또는 국선대리인 선임통지서를 첨부하여야
한다(법 제71조 제3항).

2. 지정재판부의 사전심사

1) 의의

헌법재판소법은 헌법소원의 남소로 인한 헌법재판소의 업무량 과

다를 조절하기 위한 장치로서 지정재판부에 의한 사전심사제를 규정하고 있다. 즉 헌법재판소장은 재판관 3인으로 구성되는 지정재판부를 두어 헌법소원심판의 사전심사를 담당하게 할 수 있다(법 제72조 제1항).

2) 결정

(1) 심판청구의 각하
지정재판부는 다음의 어느 하나에 해당되는 경우에는 지정재판부 재판관 전원의 일치된 의견에 의한 결정으로 헌법소원의 심판청구를 각하한다(법 제72조 제3항).

① 다른 법률에 따른 구제절차가 있는 경우 그 절차를 모두 거치지 않거나 또는 법원의 재판에 대하여 헌법소원의 심판이 청구된 경우

② 제69조의 청구기간이 지난 후 헌법소원심판이 청구된 경우

③ 제25조에 따른 대리인의 선임 없이 청구된 경우

④ 그 밖에 헌법소원심판의 청구가 부적법하고 그 흠결을 보정할 수 없는 경우

(2) 심판회부의 결정
지정재판부는 전원의 일치된 의견으로 각하결정을 하지 아니하는 경우에는 결정으로 헌법소원을 재판부의 심판에 회부하는 결정을 해야 한다(법 제72조 제4항 전단). 이를 심판회부결정이라고 한다. 헌법소원심판의 청구 후 30일이 경과할 때까지 각하결정이 없는 때에는 심판회부결정이 있는 것으로 본다(법 제72조 제4항 후단).

3) 통지

지정재판부는 헌법소원을 각하하거나 심판회부결정을 한 때에는 그 결정일로부터 14일 이내에 청구인 또는 그 대리인 및 피청구인에게 그 사실을 통지하여야 한다. 심판회부결정으로 간주된 경우에도 또한 같다(법 제73조 제1항). 헌법재판소장은 헌법소원이 재판부의 심판에 회부된 때에는 ① 법무부장관, ② 위헌심사형 헌법소원심판에 있어서는 청구인이 아닌 당해 사건의 당사자에 대하여 지체 없이 그 사실을 통지하여야 한다(법 제73조 제2항).

3. 전원재판부의 심판

지정재판부가 헌법소원을 전원재판부의 심판에 회부하는 결정을 한 때에는 전원재판부가 이를 심판한다. 헌법소원에 관한 심판은 서면심리에 의한다. 다만, 재판부는 필요하다고 인정하는 경우에는 변론을 열어 당사자·이해관계인 기타 참고인의 진술을 들을 수 있다(법 제30조 제2항). 헌법소원제도의 이중적 기능으로 인해 헌법소원의 심리에는 직권주의가 적용된다. 따라서 헌법재판소는 당사자의 주장이나 청구취지 등에 구애받지 않고 심판의 대상과 범위를 결정해서 심판한다.

V. 헌법소원의 결정

1. 결정정족수

재판부는 종국심리에 관여한 재판관의 과반수의 찬성으로 사건에 관한 결정을 한다. 다만, ① 헌법소원에 관한 인용결정을 하는 경우, ② 종전에 헌법재판소가 판시한 헌법 또는 법률의 해석적용에 관한 의견을 변경하는 경우에는 재판관 6인 이상의 찬성이 있어야 한다 (헌법 제113조 제1항, 법 제23조 제2항).

2. 결정의 유형

1) 각하결정

각하결정은 헌법소원의 형식적·절차적 요건에 흠결이 있어 심판청구가 부적법한 경우에 내리는 결정형식이다.

2) 기각결정

기각결정은 헌법소원심판청구가 이유 없다고 보아 청구인의 주장을 배척하는 경우에 하게 되는 결정형식이다.

3) 인용결정

(1) 의의

인용결정은 공권력의 행사 또는 불행사로 말미암아 헌법상 보장된 기본권이 침해되었음을 인정하는 결정형식이다. 헌법소원을 인용할 때에는 인용결정서의 주문에서 침해된 기본권, 침해의 원인이 된 공권력의 행사 또는 불행사를 특정하여야 한다(법 제75조 제2항). 헌법소원에 관한 인용결정을 할 때에는 재판관 6인 이상의 찬성이 있어야 한다(법 제23조 제1항 제1호).

(2) 종류

① 취소결정: 헌법재판소는 헌법소원을 인용할 때에는 기본권 침해의 원인이 된 공권력의 행사를 취소할 수 있다(법 제75조 제3항). 취소결정은 그 성질상 공권력의 행사에 대해서 행해진다. 법령에 대한 헌법소원심판에서는 취소결정이 행해지지 않고 위헌결정이나 변형결정이 행해진다.

② 위헌확인결정: 헌법재판소는 헌법소원을 인용할 때에는 기본권 침해의 원인이 된 공권력의 불행사가 위헌임을 확인할 수 있다(법 제75조 제3항). 위헌확인결정은 그 성질상 공권력의 불행사에 대해서 행해진다. 또한 공권력의 행사의 경우에도 그 침해행위가 종료되어 이미 존재하지 않게 된 경우에는 위헌확인결정을 한다.

③ 근거법률의 위헌결정: 헌법재판소는 공권력의 행사 또는 불행사가 위헌인 법률 또는 법률의 조항에 기인한 것이라고 인정될 때에는 인용결정에서 당해 법률 또는 법률의 조항이 위헌임을 선언할 수 있다(법 제75조 제5항).

(3) 효과

헌법소원의 인용결정은 모든 국가기관과 지방자치단체를 기속한다 (법 제75조 제1항). 헌법재판소가 공권력의 불행사에 대한 헌법소원을 인용하는 결정을 한 때에는 피청구인은 결정취지에 따라 새로운 처분을 하여야 한다(법 제75조 제4항).

이와 관련하여 검사의 불기소처분에 대한 헌법소원사건에서 헌법재판소의 취소결정의 의미가 무엇인지에 대하여는 ① 기소강제로 보는 입장, ② 재수사명령으로 보는 입장, ③ 사건별로 개별적으로 판단하여야 한다는 입장으로 나뉘어 있는데 헌법재판소는 헌법재판소의 취소결정의 주문과 이유에서 설시한 취지에 맞도록 성실히 재수사하여 결정하라는 의미로 보고 있다.

4) 심판절차종료선언

심판절차종료선언이란 청구인이 사망하거나 심판청구의 취하 등으로 헌법소원의 심판절차의 종료 여부가 불투명한 경우에 심판절차의 종료를 명백히 밝히기 위해 헌법재판소가 하는 결정이다.

제3절 위헌심사형 헌법소원

Ⅰ. 의의

위헌심사형 헌법소원이란 위헌법률심판의 제청신청이 법원에 의하여 기각된 경우에 제청신청을 한 당사자가 청구하는 헌법소원을 말한다(법 제68조 제2항). 헌법재판소법 제68조 제1항은 법원의 재판을 헌법소원심판의 대상에서 제외하고 있기 때문에 이를 보완하기 위하여 인정된 특수한 형태의 헌법소원이다.

Ⅱ. 법원에 의한 위헌법률심판제청과의 차이

법원이 위헌법률심판을 제청한 경우에는 당해 사건에 대한 재판이 정지되지만(헌재42조), 위헌심사형 헌법소원의 경우에는 당해 사건에 대한 재판이 정지되지 않는다.

Ⅲ. 심판의 청구

1. 청구권자

위헌심사형 헌법소원의 청구권자는 위헌법률심판제청신청을 기각당한 신청인이다. 법원이 재판의 전제성이 없다는 이유로 각하결정을 한 경우에도 위헌심사형 헌법소원청구가 허용된다.

청구인이 위헌법률심판제청신청을 하지 않았고 따라서 법원의 기각결정도 없었던 부분에 대한 심판청구는 원칙적으로 그 심판청구요건을 갖추지 못하여 부적법하나(헌재 2010. 10. 28. 2009헌바4), 예외적으로 위헌제청신청을 기각 또는 각하한 법원이 위 조항을 실질적으로 판단히였거나 위 조항이 명시적으로 위헌제청신청을 한 조항과 필연적 연관관계를 맺고 있어서 법원이 위 조항을 묵시적으로나마 위헌제청신청으로 판단을 하였을 경우에는 적법하다(헌재 2005. 2. 24. 2004헌바24).

2. 심판대상

위헌심사형 헌법소원의 대상이 되는 형식적 의미의 법률 및 그와 동일한 효력을 가진 긴급명령·긴급재정경제명령 및 조약이다.

3. 재판의 전제성

위헌심사형 헌법소원의 경우에도 재판의 전제성이 있어야 한다.

다만 헌법소원을 제기하여도 당해 소송사건에 대한 재판이 정지되지 않으므로 헌법재판소의 결정전에 소송이 종료되어 확정될 수 있으나 이 경우에는 위헌결정이 있게 되면 재심청구가 가능하므로 재판의 전제성이 소멸하는 것은 아니라고 보아야 할 것이다.

4. 청구기간

위헌심사형 헌법소원심판은 위헌여부심판의 제청신청을 기각하는 결정을 통지받은 날부터 30일 이내에 청구하여야 한다(법 제69조 제2항).

5. 기타

기본권 침해의 직접성·현재성 및 자기관련성 여부는 심판청구의 적법성과는 직접 관계가 없다. 또한 보충성의 원칙도 적용되지 않는다.

Ⅳ. 재심청구

헌법소원이 인용된 경우에 해당 헌법소원과 관련된 소송사건이 이미 확정된 때에는 당사자는 재심을 청구할 수 있다(법 제75조 제7항).

참고문헌

권영성, 헌법학원론, 법문사, 2009.

김철수, 헌법학신론, 박영사, 2010.

문홍주, 미국헌법과 기본적 인권, 유풍, 2002.

방승주, 헌법소송사례연구, 박영사, 2010.

오호택, 헌법소송법, 동방문화사, 2010.

이시윤, 신민사소송법, 박영사, 2002.

정재황, 헌법재판개론, 박영사, 2003.

정종섭, 헌법소송법, 박영사, 2010.

정종섭, 헌법학원론, 박영사, 2010.

정회철, 헌법(판례강의), 여산, 2010.

허영, 한국헌법론, 박영사, 2010.

허영, 헌법소송법론, 박영사, 2011.

허영, 헌법이론과 헌법, 박영사, 2011.

헌법재판실무제요, 헌법재판소, 2008.

신용인

고려대학교 법과대학 졸업
고려대학교 법학석사학위 취득
고려대학교 법학박사과정 수료
제40회 사법시험 합격
부산지방법원 판사
제주대학교 법학전문대학원 교수, 변호사

헌법소송법

초판인쇄 | 2012년 2월 15일
초판발행 | 2012년 2월 15일

지 은 이 | 신용인
펴 낸 이 | 채종준
펴 낸 곳 | 한국학술정보㈜
주   소 | 경기도 파주시 문발동 파주출판문화정보산업단지 513-5
전   화 | 031) 908-3181(대표)
팩   스 | 031) 908-3189
홈페이지 | http://ebook.kstudy.com
E-mail | 출판사업부 publish@kstudy.com
등   록 | 제일산-115호(2000. 6. 19)

ISBN   978-89-268-3110-6 93360 (Paper Book)
          978-89-268-3111-3 98360 (e-Book)

이 책은 한국학술정보(주)와 저작자의 지적 재산으로서 무단 전재와 복제를 금합니다.
책에 대한 더 나은 생각, 끊임없는 고민, 독자를 생각하는 마음으로 보다 좋은 책을 만들어갑니다.